Inhalt

Pflanzen aus aller Welt

Nehmen Sie Platz unter Palmen 20
Tropisches Flair mit Bananen 24
Kakteen & Co. im Garten 26
Frostfeste Palmlilien 30
Robuste Rauschöpfe & Agaven 32
Exotischer Früchtespaß 34
Blütenpracht mit Blütenbäumen 40
Duft liegt in der Luft 44
Urweltliche Nadelbäume 46

Pflege für Exoten

Richtig gießen & düngen
Rundum ges
Winterschutz
Kronenschutz

SPEZIAL

Nüsse für Genüsse 38
Tolles aus der Knolle 48

Neben Wal- und Haselnuss gibt es andere interessante Nüsse zu knacken. Gestaltungs-Tipp: Exotische Knollen als Begleiter.

SPEZIAL

Professionell pflanzen 52
Exotische Rezepte 64

Wie man Exoten pflanzt, damit sie gut gedeihen – auf dass Sie eine reichhaltige Ernte für leckere Rezeptideen haben!

Gärten voller Exotik

Wozu noch in den Urlaub fahren, wenn man es sich zu Hause ebenso gemütlich machen kann? Der Garten ist der Deutschen liebstes Hobby. Gestaltet wird er zunehmend individuell – warum nicht mal mit exotischer Note?

Dabei muss es ja bei „Exoten-Newcomern“ nicht gleich der ganze Garten sein, der mit außergewöhnlichen Pflanzen aufwertet wird. Teilflächen oder auch nur Solitärpflanzen genügen für den Anfang. Eines ist gewiss: Sie werden schnell Spaß daran finden und Ihren Exoten-Garten sukzessive ausweiten!

„Exotisch“ ist dabei nicht gleichbedeutend mit „heikel in der Pflege“. Die Pflanzen, die wir Ihnen in diesem Buch vorstellen möchten, sind nicht anspruchsvoller als klassische Gartenpflanzen, viele sind sogar pflegeleichter! Damit Sie lange Freude an Ihren Exoten haben, ist die richtige Wahl des Standorts und der Überwinterung von entscheidender Bedeutung (siehe S. 6 ff.).

Pflanzen Sie nicht nur Gewächse mit attraktiven Blüten (S. 40 ff.) oder leckeren Früchten (S. 34 ff.). Auch Pflanzen mit schmucken Blättern (S. 20 ff.) oder bizarrem Wuchs (S. 26 ff.) setzen Akzente.

Kleine Klimakunde

6 Keine Angst vor „Exoten“

8 Schätzen Sie Ihre Lage richtig ein

10 Auf den Standort kommt es an

12 Der Boden als gute Basis

14 Qualität + Alter = Erfolg

SPEZIAL 16 Entdecken Sie die Möglichkeiten

Keine Angst vor „Exoten“

Unsere Sommer sind warm genug, um Pflanzen aus aller Welt ideale Wachstumsbedingungen zu bieten. Nur die Wintermonate sind kritisch, doch auch sie meistern viele Exoten mit Bravour.

Ausgepflanzt ist die Dreiblättrige Orange (Poncirus) frostfest

Näher betrachtet

Die Gartentauglichkeit einer exotischen Pflanze hängt dabei nicht allein von der Temperatur, sondern ebenso von der Widerstandfähigkeit ihrer unter- und oberirdischen Teile gegenüber winterlicher Nässe und Kälte ab.

- **Die Triebe** einer Pflanze halten Frost in dem Maße Stand, wie sie im Herbst in den Zellen natürliche „Frostschutzmittel“ in Form von Zucker oder dessen Derivaten eingelagern, um den Gefrierpunkt zu senken. Andere „entwässern“ ihre Zellen und kommen mit einem geringen Wassergehalt durch den Winter. Friert das Wasser in den Zellen dagegen ein, dehnt es sich aus. Die Zellwände „zerplatzen“ – die Pflanze stirbt ab.
- **Die Blätter** spielen nur bei immergrünen Pflanzen eine Rolle. Sie allerdings sind dem winterlichen Wetter besonders stark ausgesetzt: der Sonne, dem Wind und der Kälte. Sie schützen sich durch Einrollen, mit dicken Wachsschichten oder Behaarung. Verlieren Immergrüne ihr Laub, kostet sie der Neuaufbau der Belaubung im Frühling und Sommer viel, oft zu viel Kraft. Deshalb sind laubabwerfende Pflanzen meist besser an unsere winterlichen Klimabedingungen angepasst als immergrüne Laubgehölze.
- **Die Wurzeln** sind im Grunde das Wichtigste einer Pflanze. Denn so lange sie gesund bleiben, können aus ihnen im Frühling neue Triebe sprießen. Werden die Wurzeln aber in Mitleidenschaft gezogen, ist der Fortbestand der gesamten Pflanze gefährdet. Tiefwurzler haben hier einen deutlich Vorteil gegenüber flach wurzelnden Pflanzen.

Im Topf oder Garten?

Für die Wurzeln entscheidend ist, ob sie im Erdboden wachsen oder in Töpfen.

- **In Töpfen** hat der Frost leichtes Spiel: Er dringt rasch bis ins Innerste der Wurzeln vor. Schon wenige kalte Nächte genügen, um aus der Erde festgefrorene Klumpen zu machen. Das halten selbst hartgesottene Gehölze wie Buchs, Eibe oder Ahorn nicht schutzlos

In Töpfen müssen Exoten wie Zitrus im Haus überwintern

aus – und exotische Pflanzen in Kübeln schon gar nicht! Die Praxis, exotische Kübelpflanzen im Winter einzupacken, kann hier kaum Abhilfe schaffen. Selbst eingehüllt in Stroh und Kokosmatten nimmt Dauerfrost die Töpfe rasch in die Zange: Diese Materialien wärmen nicht, sie verringern lediglich die Auskühlung.

SMART

Hinweise auf die Frosthärte einer Pflanze

› **Die Herkunft einer Pflanze** lässt sehr gute Rückschlüsse zu. So sind Arten, die aus Gebirgsregionen stammen, sehr kälteverträglich, ebenso Wüstenpflanzen, die mit kalten Nächten zurechtkommen müssen.

› **Der Aufbau einer Pflanze** zeigt ihre Widerstandsfähigkeit. Langsam wachsende Bäume haben oft sehr dichtes und damit festes Holz. Schnellwüchsige Arten sind dagegen weichholzig und somit tendenziell anfälliger.

▸ **Im Garten** sind ausgepflanzte Exemplare im Wurzelbereich rundum von gewachsenem Boden umschlossen. Das wirkt wie ein Puffer gegenüber Temperaturschwankungen. Frost dringt nur langsam und meist nicht tief ein. An sonnigen Tagen aufgenommene Wärme wird gespeichert und wärmt die Wurzeln in kalten Nächten. Deshalb gelten die in diesem Buch getroffenen Aussagen zur Frosthärte stets für Exemplare, die in den Gartenboden ausgepflanzt sind!

Schätzen Sie Ihre Lage richtig ein

Die Winter sind nicht in allen Regionen Deutschlands gleich streng. Je genauer Sie das lokale Klima vor Ort kennen, umso besser können Sie definieren, welche Exoten sich in Ihrem Garten dauerhaft wohl fühlen.

Begünstigt

Wichtig bei der Betrachtung der Klimahärte sind die Minimaltemperaturen, nicht die Durchschnittstemperaturen. Denn Pflanzen können in einem einzigen zu strengen Winter Schaden nehmen, auch wenn sie Jahrzehnte lang zuvor prächtig gewachsen sind. Landschaftstypen geben hierfür erste Aufschlüsse.

- **Entlang großer Flüsse** herrscht ein sehr mildes Klima mit niedrigen Minimalwerten, da die Flüsse wie Wärmequellen wirken. Hierzu zählen in erster Linie das Rhein- und Maintal mit Städten wie Freiburg oder Baden-Baden, die sich über ein fast mediterranes Klima freuen können. Ebenso begünstigt sind Moseltal, Neckar und Saale.
- **An großen Seen** wie dem Bodensee wirkt das Wasser wie ein großer Wärmespeicher, der im Winter die Temperaturen hoch hält.
- **Küstengebiete** wie die niedersächsische und schleswig-holsteinische Nordseeküste profitieren vom „warmen“ Meer.

Benachteiligt

Mit regelmäßigen Kälte-Extremen ist in folgenden Regionen zu rechnen:

- **In Mittelgebirgslagen** wie der Rhön, Schwäbischen Alb, dem Harz oder Bayerischen Wald sind Werte von -26 °C und tiefer keine Seltenheit und Sie müssen zwingend Winterschutzmaßnahmen ergreifen (S. 58 ff.). Dazwischen liegen Jahre mit deutlich milderen Wintern.
- **In den Alpen** und dem Alpenvorland sind die Winter nicht nur streng, sondern auch sehr lang. Die Pflanzen haben eine kurze Wachstumszeit, die für Exoten nicht immer ausreicht.
- **Von West nach Ost** nimmt der Einfluss warmer Meeresgewässer und -strömungen ab, so dass in Bayern, Thüringen oder Sachsen mit deutlich stärkeren Temperaturstürzen zu rechnen ist als beispielsweise im Saarland. Die östlichen Binnenbundesländer sind bereits vom Kontinentalklima mit kalten, aber trockenen Wintern geprägt, die trockenheitsliebenden Exoten wie Kakteen & Co. behagt (S. 26 ff.).

Exoten in jeder Lage

In wintermilden Lagen wie dem Rheintal können Sie viele mediterrane Gehölze im Garten auspflanzen, z. B. Erdbeerbaum (*Arbutus*), Zistrose (*Cistus*), Zerr- oder Kermes-Eiche (*Quercus cerris, Quercus coccifera*).

In gemäßigten Lagen sind viele ostasiatische Pflanzen dauerhafte Gartengäste: Heiliger Bambus (*Nandina*), Kreppmyrte (*Lagerstroemia indica*), Steineibe (*Podocarpus*), Bambus (z. B. *Phyllostachys*).

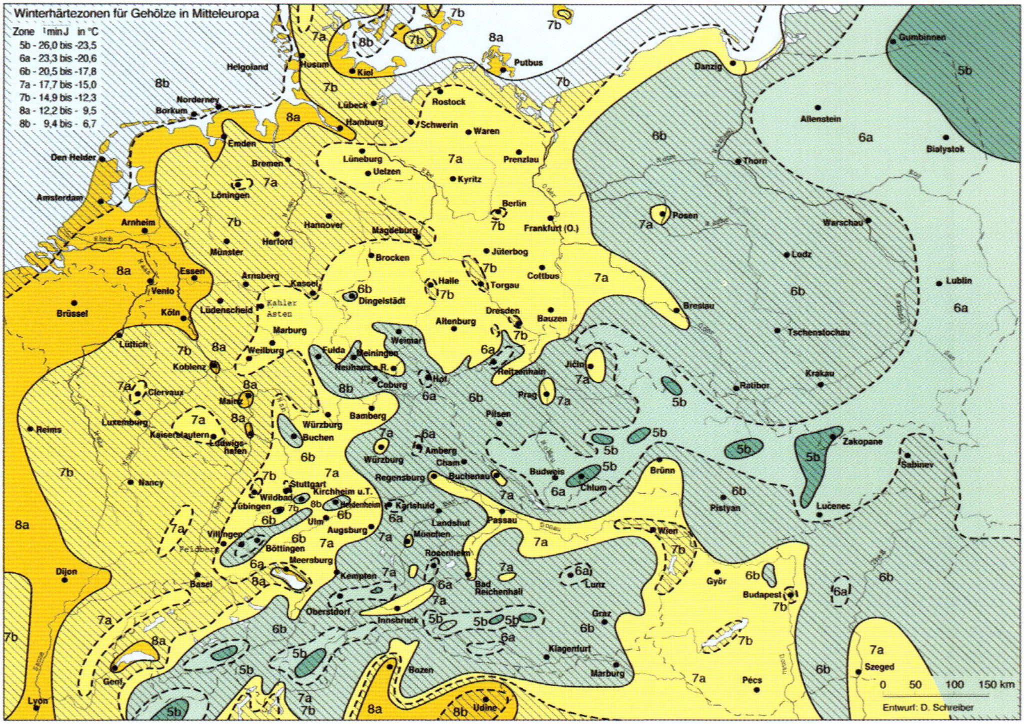

Mit der Winterhärtezonen-Karte lokalisieren Sie Ihr Klima zu Hause

Kleinklima

Neben der regionalen Betrachtung ist das lokale Klima, ja sogar das quadratmeterweise Kleinklima in Ihrem Garten ausschlaggebend. So kann in einem Innenhof in Bayreuth ein wintermilderes Klima herrschen als in Baden-Baden bei offener Stadtrandlage. Verlassen Sie sich deshalb nicht auf generalisierende Klima-Einteilungen. Am besten misst man die Bedingungen im Garten selbst. Wenn Sie über die Jahre Eckdaten aufzeichnen, erhalten Sie ein individuelles Klimadiagramm – sogar für Einzelstandorte Ihres Gartens. Dazu brauchen Sie nicht mehr als ein Minimum-Maximum-Thermometer, das die nächtlichen Minimalwerte speichert und morgens ablesbar bereit hält. Funk-Thermometer und kleine Klimastationen ermöglichen es Ihnen heute preiswert und bequem, der beste Metereologe für das eigene Grundstück zu werden und die wirklich geschützten Standorte herauszufinden.

SMART

Winterhärtezonen

- **Die Winterhärtezonen** (= WHZ) geben an, welche tiefste Temperatur eine bestimmte Pflanzenart ohne Schäden überstehen kann.
- **Zone 1: < -45,5 °C**
  Zone 2: -45,5 bis -40,1 °C
  Zone 3: -40,0 bis -34,5 °C
  Zone 4: -34,4 bis -28,9 °C
  Zone 5: -28,8 bis -23,4 °C
  Zone 6: -23,3 bis -17,8 °C
  Zone 7: -17,7 bis -12,3 °C
  Zone 8: -12,2 bis -6,7 °C
  Zone 9: -6,6 bis -1,2 °C
  Zone 10: > 1,2 °C

Auf den Standort kommt es an

Bei der Suche nach dem passenden Standort für exotische Pflanzen im Garten sollten Sie nicht nur das Thermometer zu Rate ziehen. Auch andere Wetter-Parameter wie Wind und Regen, Schatten und Sonne, Rückendeckung oder freier Stand sind ausschlaggebend.

***Umliegende Bäume** bieten der Andentanne (Araucaria) Schutz*

Sonne, nein danke!

Die sonnigsten Plätze im Garten sind leider nicht immer die besten. Im Sommer sind zwar viele Exoten wahre Sonnenanbeter, im Winter aber ist die Sonneneinstrahlung eine Gefahr.

▸ **„Ruhestörung“** ist einer der negativen Effekte winterlicher Sonneneinstrahlung. Im Winter sollen Gartenpflanzen Ruhe halten, um Energiereserven zu sparen. Wärmende Sonnenstrahlen signalisieren den Pflanzen aber, dass es Zeit zum neuerlichen Austrieb ist, zumal dann, wenn die Witterung im Dezember oder Januar wochenlang mild ist. Schwellen die Knospen verfrüht an, tragen sie durch Spätfröste Schäden davon. Deshalb sind Plätze vor der Südmauer eines Hauses nicht immer ideal – es sei denn, die Kraft der Sonne wird hier von wandernden Schatten (z. B. von Bäumen oder Nachbargebäuden) gebrochen. Besser sind Plätze mit Ost- oder Westorientierung, die von der tief stehenden Wintersonne unerreicht bleiben.

▸ **Trockenheit** und daraus resultierende Blattschäden sind bei immergrünen Exoten wie Magnolien (*Magnolia grandiflora*, S. 42 f.) oder Kamelien (*Camellia japonica*) eine Folge überreichen Sonnengenusses. Denn sobald der Boden gefroren ist, können die Wurzeln kein Wasser aufnehmen. Gleichzeitig verdunsten aber sonnenbeschienene Blätter viel Wasser und trocknen aus. Deshalb ist eine winterliche Beschattung viel wichtiger als im Sommer, wenn Regen fällt oder man beliebig mit dem Gartenschlauch nachhelfen kann. Im Winter kann man dagegen nur dann wässern, wenn die Erde nicht geforen ist. Vorbeugend schattiert man die Kronen (siehe S. 60 f.).

Weniger Wind – mehr Wärme

Menschen unterscheiden zwischen tatsächlicher Temperatur und gefühlter Temperatur. Pflanzen geht es da nicht anders. Ist es ohnehin schon bitterkalt, aber obendrein windig, wiegt jedes Minusgrad „doppelt“, da die Böen kleine, warme Luftpolster wegpusten, die sich um die Zweige bilden.

▸ **Bäume** als Einrahmung des Gartens brechen Windböen und schaffen im Zentrum windstille, geschützte Bereiche, die ideal für Exoten sind.

▸ **Höhere Hecken** in der Nähe heben die anströmende Luft hoch und über Ihre exotischen Pflanzen hinweg.

▸ **Mauern** in Nord-Süd-Richtung halten beißende Winde vollständig ab. Allerdings fallen die Luftwirbel knapp dahinter wieder zu Boden. Deshalb müssen die Pflanzen dicht an die Mauer gepflanzt werden.

SMART

Gute Standorte

› **Überschirmende** Baumkronen bieten Exoten idealen Schutz: Sie schattieren, verringern wie ein Dach die Auskühlung und lindern heftige Niederschläge.

› **In der Ebene oder mitten am Hang** anstelle auf zugigen Hügelkuppen oder in luftkalten Senken sind Exoten wohlplatziert.

Hauswand und Bodenpflaster strahlen Wärme für die Andentanne ab

Nässe kühlt aus

Niederschläge sind zwar willkommen, um die Erde zu befeuchten und die Pflanzen zu wässern. Doch für die Zweige und immergrünen Blätter bedeuten sie zusätzliche Auskühlung. Deshalb ist ein leicht überdachter Platz von Vorteil, zum Beispiel unter einem Dachvorsprung oder unter einer Baumkrone.

▸ **Regen** gefriert auf den Zweigen und Blätter zu Kristallen, die wie feinste Messer das Gewebe einritzen und verletzen können.

▸ **Schnee** schadet zunächst nicht. Im Gegenteil, er isoliert. Verharscht er jedoch oder lagert er sich in großen Mengen auf Zweigen oder Blättern ab, kann sein Gewicht zur Astbrüchen führen. Deshalb schüttelt oder fegt man in schneereichen Lagen einen Teil der weißen Pracht ab, solange sie locker und leicht ist. ●

Der Boden als gute Basis

Was mit Ihren Pflanzen im Garten oberirdisch passiert, haben Sie im Blick. Unter der Erde aber spielen sich physikalische und chemische Prozesse ab, die für das Pflanzenleben ebenso wichtig sind.

Leicht und locker

Für eine gute Qualität des Erdbodens sollte man keine Mühen scheuen – ist er doch die Basis guten Gedeihens.

▸ **Schwere Böden** mit einem hohen Tonanteil (Lehmböden) verdichten sehr stark und speichern viel und lange Wasser, enthalten aber kaum Sauerstoff. Sie sind für viele Exoten ungeeignet, da ihre Wurzeln hier schnell faulen. Zudem vertragen nasse Wurzeln Kälte weniger gut als wenn sie abtrocknen können. Aus ihren Heimatregionen sind die meisten Exoten durchlässige Böden gewohnt, die mit Steinchen und sogar groben Gesteinsbrocken durchsetzt sind. Bei kleineren Sträuchern genügt es zur Bodenverbesserung, die Pflanzlöcher sehr großzügig auszuheben und mit einem Gemisch aus Humus (z. B. reifem Kompost) und grobem Sand oder Kies zu füllen.

▸ **Leichte Böden,** wie mit Humus durchsetzte Sandböden, sind grundsätzlich gut geeignet für Exoten, da sie wasserdurchlässig und sauerstoffreich sind. Im Winter besteht hier keine Gefahr von Staunässe, da sie überschüssiges Wasser in tiefere Bodenschichten ableiten.

▸ **Leicht saure Böden** wie Sandböden sind für Pflanzen ideal, die einen leicht erhöhten Säuregehalt der Erde (pH-Wert unter 7) schätzen, z. B. Kamelien oder Magnolien. Reine Moorböden sind dagegen vielfach zu sauer (pH-Wert unter 5). Mit Kalkgaben können Sie den pH-Wert nach oben korrigieren. Preiswerte Schnelltests zur Bestimmung des pH-Werts erhalten Sie im Fachhandel.

Zu viel Nahrung macht schlaff

Auch Exoten brauchen Nährstoffe, aber nicht zu viele! Ein Überangebot führt zwar zu einem raschen Wachstum. Doch es macht die Zweige weich und weniger widerstandsfähig gegen die Unbilden des Winters. Düngen Sie deshalb in Maßen (S. 55). Kompost und organische Dünger geben, anders als mineralische Dünger, an den Boden nur langsam Nährstoffe ab – Überdüngung ausgeschlossen!

Nass *lieben es die Sumpfzypressen (Taxodium)*

Trocken gelegt

Verschiedene Pflanzen haben verschiedene Ansprüche. Die allerwenigsten jedoch, um die es in diesem Buch geht, lieben ständig nasse Füße wie die Sumpfzypresse (*Taxodium distichum*). Kakteen & Co. sind ausgesprochene Trockenkünstler und verabscheuen Dauernässe. Neben der Verwendung durchlässiger Pflanzerde (siehe S. 12) helfen hier Dränagen. Heben Sie die Pflanzlöcher oder -bereiche so tief wie möglich aus und tauschen Sie lehmiges Erdreich aus. Sofern Sie beim Graben auf verdichtete Erdschichten stoßen, müssen diese unbedingt durchbrochen werden, da das die zarten Pflanzenwurzeln nicht schaffen. Zudem stauen sich über solchen Schichten versickerte Niederschläge an, die die Wurzeln permanent umspülen würden. Lockern Sie den Grund der Pflanzlöcher mit Spatenstichen auf. Dann gibt man eine Schicht groben Kies als Dränageschicht hinein. Diese sollte je nach Pflanzlochgröße 10 bis 30 cm dick sein. Hier sammelt sich überschüssiges Wasser und kann langsam versickern.

Trocken sollte die Erde für Kakteen vor allem im Winter sein

Nässeschutz auf einfache Art

Böden in Hanglagen trocken schneller ab als in der Ebene oder in Mulden, wo sich Wasser sammeln kann.

Einfache, niedrige Dachkonstruktionen aus Holzstützen und einer Glas- oder Plexiglasabdeckung schützen nässeempfindliche Pflanzen. Die Seiten bleiben offen.

Plätze unter Dachüberständen oder im Regenschatten von Mauern werden nur bei schräg fallendem Regen nass.

Qualität + Alter = Erfolg

Ob man Erfolg mit Exoten im Garten hat oder nicht, steht und fällt nicht nur mit den richtigen Rahmenbedingungen. Auch der Zustand der Pflanze trägt wesentlich zu ihrem Gedeihen bei.

Fit im Alter

Die Widerstandsfähigkeit einer Pflanze steigt mit ihrem Alter. Während Jungpflanzen noch weiche Blätter und dünne, biegsame Zweige haben, setzen erwachsene Sträucher und Bäume der Witterung dicke Stämme mit borkigen Rinden und ein weitreichendes Wurzelwerk entgegen, die kritische Situationen meistern helfen. Ältere Pflanzen können auf größere Energie-Reserven zurückgreifen als kleine Nachkömmlinge. Deshalb ist es besser, ältere Exemplare auszupflanzen. Alternative: Jungpflanzen in den Anfangsjahren in Töpfen halten und geschützt überwintern, später dann auspflanzen.

Junge Feigen (Ficus) schätzen den Schutz einer Südmauer

Gesund und stark

Neben dem Alter ist die Konstitution einer Pflanze ihr Kapital für die unwirtlichen Bedingungen des Winters.

- **Schädlinge** kosten die Pflanzen sehr viel Kraft, da diese die Pflanzenzellen aussaugen, in denen energiereicher Zucker eingelagert ist. Die verlorenen Energiereserven fehlen Ihren Schützlingen dann im Winter. Achten Sie deshalb darauf, dass Ihre Pflanzen gesund bleiben (S. 56 f.). Schädlingen wie Blatt-, Schild- oder Wollläusen sollten Sie deshalb sommers wie winters umgehend begegnen.
- **Düngermangel** bremst Ihre Schützlinge im Wachstum, ein Dünger-Überschuss aber führt zu dicken, aber weichen Zweigen mit geringer Frostfestigkeit (siehe auch S. 12). Düngen Sie am besten organisch mit Kompost oder Hornmehl. Die letzte Düngung sollte Anfang August erfolgen, damit sich das Pflanzengerüst festigen kann, anstatt bis zum Saisonende frische Triebe hervorzubringen.

Alte Orangenblumen (*Choisya*) haben im Schatten ihren festen Platz

SMART

Übergangszeit

› **Wenn man jungen Pflanzen** strenge Winter im Freien noch nicht zumuten will, senkt man sie mitsamt ihrer Töpfe im Sommer im Garten ein. Dann erfüllen sie ihre gestalterische Funktion sofort. Im Herbst gräbt man sie wieder aus und überwintert sie im Haus.

Abhärten hilft

Pflanzen kann man zu einem gewissen Grad ihre Widerstandsfähigkeit antrainieren. Jungpflanzen, die man in Fachgärtnereien kauft, sind meist im Schutz von Glashäusern aufgewachsen. Auch wenn hier die Wintertemperaturen niedrig sind, wachsen die Pflanzen ohne Wind und direkte Niederschläge wohl behütet auf. Der erste Winter im Freien ist für sie eine harte Probe. Ist er aber gut überstanden, gehen sie Jahr für Jahr robuster in den nächsten Winter: ihr Immunsystem wird gestählt. Schützt man seine Pflanzen in der Anfangszeit vorsorglich (Seite 58 ff.), ist das Risiko eines Verlusts gering. Eingewachsene Pflanzen müssen Winter mit „normalem“ Verlauf nicht mehr fürchten.

Entdecken Sie die Möglichkeiten

Außergewöhnliche Pflanzen werden oft mit einer gewissen Scheu behandelt: Wozu passen sie, wie kann man sie gestalterisch integrieren? Behandeln Sie Exoten nicht als „Stars", sondern mischen Sie sie ungeniert unter die anderen Gartenpflanzen!

Exotische Pflanzen sind nicht nur für Balkon und Terrasse da! In allen Gartenbereichen rund ums Haus, vom Vorgarten bis zum Rand des Gartenteichs bieten sich jede Menge Gelegenheiten, Exoten stilvoll einzusetzen. Mit ihrem außergewöhnlichen Flair bereichern sie Beete und Pflanzbecken.

Betrachten Sie die internationalen Gäste dabei nicht als Edelobjekte, sondern analysieren Sie ganz nüchtern ihre Eigenschaften. Sind sie großblättrig, welche Farbe haben Laub und Blüten, wie hoch werden sie? Mit sachlichen Antworten auf diese Fragen sind die Exoten dann ebenso zu verwenden wie Gartenklassiker, die man entsprechend ihrer Farben, Wuchshöhen und Blütezeiten miteinander kombiniert. Die Farben sollten zusammenpassen. Hochwüchsiges kommt nach hinten, Kleines nach vorne. Eingebunden wirken Exoten meist besser. Als isoliert stehende Solitärs treten sie zu stark hervor.

◂ **Im Beet:** Ergänzen Sie Ihr Sortiment exotischer, aber frostverträglicher Gartengäste mit empfindlichen Besonderheiten. Senken Sie zum Beispiel Zierbananen wie die Sorte 'Maurelii' mit ihren auffällig roten Blättern mitsamt der Pflanzgefäße ab Mitte Mai, wenn die Frostgefahr vorüber ist, in bunte Blumenbeete ein. Da die Töpfe nicht zu sehen sind, werden sie so zu attraktiven Schmuckstücken, die wie ein integrativer Bestandteil und nicht „eingesetzt" wirken.

▸ **Im Topf:** Der Begriff „exotisch“ wird in unterschiedlichem Zusammenhang verwendet. In diesem Buch geht es vor allem um die langlebigen Arten wie Bäume und Sträucher. Doch streng genommen sind auch die meisten Sommerblumen „exotisch“, da ihre Heimat fernab Europas auf den unterschiedlichen Kontinenten der Erde liegt. Vielfach sind diese Exoten bei uns einjährig und geben ihre Lebenskraft an die Samen weiter, die im Folgejahr sprießen. Mit diesen einjährigen Exoten lassen sich wunderschöne Pflanzkombinationen erstellen, in der wie hier die grünen oder braunroten Blattrosetten des langlebigen Rosetten-Dickblatts (*Aeonium*) die Hauptrolle spielen.

◂ **Im Becken:** In Innenhöfen oder Pflanzbecken um die Terrasse lassen sich mit einer Kombination aus Exoten und Gartenklassikern orientalische Gartenbilder zaubern. Rosafarbene Flammenblumen (*Phlox*) und graublättrige Edelrauten (*Artemisia*) sind winterfest. Der Neuseeländer Flachs (*Phormium tenax*) mit seinen schwertförmigen Blättern in Rot oder Grün verträgt zwar Frost, kann aber in rauen Lagen den Winter nicht komplett im Freien verbringen. Er bleibt deshalb im Kübel.

Pflanzen aus aller Welt

20 Nehmen Sie Platz unter Palmen

24 Tropisches Flair mit Bananen

26 Kakteen & Co. im Garten

30 Frostfeste Palmlilien

32 Filigrane Rauschöpfe

34 Exotischer Früchtespaß

SPEZIAL 38 Nüsse für Genüsse

40 Blütenpracht mit Blütenbäumen

44 Duft liegt in der Luft

46 Urweltliche Nadelbäume

SPEZIAL 48 Tolles aus der Knolle

Nehmen Sie Platz unter Palmen

Palmen in deutschen Gärten: „Das geht doch gar nicht!“, denken viele. Doch, es geht! Denn Palmen kommen weltweit nicht nur an karibischen Stränden und in dauerfeuchten Regenwäldern vor. Sie wachsen auch in Bergregionen, in denen im Winter reichlich und lange Schnee liegt.

Empfindliche Herzen

Einige Palmen haben deshalb eine hohe Frosttoleranz im Stamm- und Wurzelbereich. Hanfpalmen (*Trachycarpus*) macht selbst ein wochenlanges Durchfrieren ihrer Wurzeln in Töpfen nichts aus. Aber: Palmen verabscheuen „aus vollem Herzen“ winterliche Nässeperioden. Das „Herz“ einer Palme ist ihre Spitze, aus der die alten und neuen Blätter entspringen. Es ist der einzige Vegetationspunkt der Pflanzen, durch den neues Wachstum möglich ist. Wird er zerstört, geht die Palme langsam ein. Schaden fügt dem Herz Nässe in Verbindung mit Kälte zu (vor allem mit Eis oder Schnee), da deren Kristalle dem Blattgewebe durch feinste Einschnitte schaden können. Deshalb gilt bei ausgepflanzten Palmen im Garten das Hauptaugenmerk weniger der Temperatur, sondern der Feuchtigkeit – beziehungsweise Trockenheit! – an der Stammspitze.

Schäden an Palmen richtig einschätzen

Normal: Braune Blattspitzen treten jeden Winter auf. Die untersten Wedel werden im Frühling natürlicherweise braun. Dadurch tauschen die Immergrünen ihr Laub aus. Man schneidet sie Im Verlauf des Sommers ab.

Schaden: Lassen sich im Frühling die inneren, jungen Blätter leicht herausziehen, liegt ein Nässeschaden vor. Allerdings können danach noch gesunde Blätter sprießen. Leicht geschädigte Blätter sind fahlgrün, oft in Streifen.

Palmen platzieren

Um Palmen vor Nässe zu schützen, haben Sie mehrere Möglichkeiten.

- **Als Standort** sollten Sie einen sonnigen und warmen Platz wählen, der gleichzeitig im Winter vor Niederschlägen geschützt bleibt und überschirmt ist. Plätze in Hauswandnähe (z. B. Ost- oder Südwände, Innenhöfe) kommen in Frage.
- **Als Nässeschutz** sollten Sie einen Überbau vorsehen, falls ein natürlicher Regenschutz fehlt. Dieser gelingt demjenigen in Selbstbauweise, der über etwas handwerkliches Geschick verfügt. Dazu wird eine Stützenkonstruktion aus Holzbalken in der Manier einer Pergola angelegt. Die Balken werden in Metallfüßen verankert, die wiederum in Punktfundamente eingegossen werden. Als Dach dienen beispielsweise Doppelstegplatten, die Seiten bleiben offen. Die Palme darunter wird nicht zusammengebunden oder umhüllt. Je höher eine Palme bereits gewachsen ist, umso stärker müssen die Stützen und Pfetten sein.

SMART

Palmen sind durstig

› **In der sommerlichen Wachstumszeit** brauchen Palmen reichlich Wasser! Sonst überleben sie zwar, wachsen aber kaum oder gar nicht. In niederschlagsarmen Zeiten sollte man deshalb Palmen im Garten einmal pro Woche durchdringend wässern. Das bedeutet: etwa 80–100 Liter!

Hanfpalmen sind robuste Schmuckstücke für jeden Garten

▸ Das Einpacken der Blätter im Winter ist weniger aufwändig. Dazu klappt man die Wedel nach oben und bindet die Blattstiele zusammen. So schirmen die Blätter natürlicherweise das Palmenherz ab. Hüllen Sie die Wedel in ein Vlies. Es lässt Licht und Luft durch, ebenso etwas Feuchtigkeit. Der Großteil der Niederschläge wird aber vom Vlies zu den Rändern hin abgeleitet. Eine Bastmatte als Umhüllung ist ebenfalls möglich. Allerdings raubt sie den Blättern sehr viel Licht, so dass sie während dieser Zeit unter Lichtmangel leiden. Eine weitere Alternative ist das Einhüllen in gelochte Folie, die jedoch nur einen geringen Luftaustausch ermöglicht und wie ein „Treibhaus" wirkt, das sich bei Sonnenschein stark aufheizt. Deshalb muss man die Plastikhülle unbedingt mit trockenem Laub, Stroh oder Heu füllen! Auch hier kommt Lichtmangel als Nachteil hinzu. Deshalb sollte man die Hüllen so spät wie möglich anlegen (Dezember/Januar) und so früh wie möglich wieder abnehmen (März/April).

▸ Überschirmen können Sie Palmen auf einfache Art, sofern Sie die Standfestigkeit bei Wind sicherstellen: mit einem großen Regen- oder Sonnenschirm. Auch an drei bis vier Punkten zwischen Wänden oder Bäumen gespannte Zelttücher funktionieren als Schutz vor Niederschlägen. Die Palmwedel sollten die Überschirmung nicht berühren.

Ein Plädoyer für Palmen

Bei Palmen im Garten driften die Meinungen auseinander. Schön oder unpassend? Für Palmenfans gibt es einige attraktive Gartenpalmen.

Schön platziert

Mit ihrer klaren Silhouette machen sich Palmen vor allem in Hausnähe gut: rechts und links einer Treppe, an der Terrasse, entlang der Auffahrt oder direkt am Hauseingang. Für Urlaubsfeeling pur sorgen sie am Gartenteich – vielleicht sogar in Verbindung mit einem kleinen Sandstrand? Innenhöfe sind wie geschaffen für Palmen und mediterranes Lebensgefühl.

Stammhalter

Die meisten hierzulande erhältlichen Palmen wachsen von Natur aus einstämmig. Nur die Zwergpalme (*Chamaerops*), bildet von Jugend an mehrere Triebe, so dass sie „buschig" aussieht. Dattelpalmen (*Phoenix*) sind ausgesprochen dickstämmige Palmen, ebenso Petticoatpalmen (*Washingtonia robusta*) in den Anfangsjahren. Je höher sie werden, umso schlanker wirken die Stämme im Verhältnis. Der Stamm der Zwerg-Palmetto (*Sabal minor*) bleibt im Erdboden verborgen. Stirbt der Hauptstamm einer Palme ab, sind Seitensprosse an der Basis möglich.

Mehr Pflanzentipps

Neben den rechts vorgestellten Palmen eignet sich in klimamilden Regionen (siehe S. 8 ff.) ebenso gut die Blaue Nadelpalme (*Tithrinax campestris*, WHZ 8) zur Auspflanzung. Aufgrund ihrer blauen Wedelfärbung ist die stark bewehrte Palme ein echter Hingucker. Geleepalmen (*Butia capitata*, WHZ 8) zählen mit ihren bogig überhängenden Fiederwedeln zu den elegantesten Vertretern unter den Gartenpalmen.

Zwergpalme

Chaemerops humilis

▸ Merkmale: Wuchskraft von Jugend an auf mehrere Stämme verteilt, sodass Exemplare über Mannshöhe bei uns rar sind. Im Gegensatz zu Hanfpalmen sitzen Dornen entlang der Blattstiele; Blattunterseiten sind weißfilzig. Attraktiv graublättrig ist die seltene *Chamaerops humilis* var. *cerifera*.

▸ Standort: Im Sommer vollsonnig für die Bildung kräftiger, robuster Blätter; im Winter absonnig und regengeschützt; Flächenbedarf höher als bei anderen Palmen; leicht lehmige Erde wird toleriert.

▸ Pflege: Sehr robuste Fächerpalme; gut trockenheitsverträglich.

▸ Überwinterung: Nässeschutz nötig; aufgrund der geringen Größe ist dieser nicht aufwändig; WHZ 8.

Chilen. Honigpalme

Jubaea chilensis

▸ Merkmale: Elegante Fiederpalme; sehr langsamwüchsig, dadurch hochpreisig. Stamm lange in Form einer Kugel, später einstämmig-langgestreckter Habitus.

▸ Standort: Statt trockener Hitze bevorzugt diese Palme luftfeuchte, gemäßigte, aber warme Pflanzplätze.

▸ Pflege: Durch den geringen Zuwachs ist bei Jungpflanzen der Wasserbedarf gering; Erde nicht über längere Zeiträume austrocknen lassen; Auspflanzung ab etwa dem 8.–10. Lebensjahr ratsam.

▸ Überwinterung: Besonderes Augenmerk gilt dem Wurzelschutz: Wurzelbereich mit dicken Laub- oder Mulchlagen abdecken; Wedel zusammenbinden und vor Nässe schützen; WHZ 8.

Zwerg-Palmetto

Sabal minor

▸ Merkmale: Hierzulande meist ohne Stammbildung; als Blattschopf mit 5–9 Blättern ausgeprägt; langsamer Zuwachs, der ausgepflanzt jedoch stärker ist als im Topf

▸ Standort: Vollsonnige, windgeschützte Plätze mit hoher Bodentemperatur wählen; aufs sommerliche Mulchen des Bodens unbedingt verzichten; Erde sollte steinig und gut durchlässig sein.

▸ Pflege: Palme braucht 3–4 Jahre Zeit, um sich im Garten zu etablieren; da jährliche Wachstumsphase (Juni–August) kurz ist, in dieser Zeit sorgfältig wässern.

▸ Überwinterung: Wurzelschutz mit dicker Laub- oder Mulchschicht gewährleisten, aber rechtzeitig im Frühling entfernen; WHZ 7.

Hanfpalme

Trachycarpus fortunei

▸ Merkmale: Stamm mit namensgebendem Fasergeflecht umgeben; keine Bewehrung; ebenfalls freilandtauglich: *Trachycarpus takil, Trachycarpus wagnerianus*, beide mit kleinerem, festerem Laub.

▸ Standort: Halbschattige wie vollsonnige Plätze sind willkommen.

▸ Pflege: Durch vergleichsweise große und zahlreiche Blätter hoher Wasserbedarf im Sommer; bei Trockenheit durchdringend wässern; Wachstum bis Spätherbst möglich.

▸ Überwinterung: Natürlichen Nässeschutz durch Zusammenbinden der Wedel und Einhüllen verstärken, aber erst bei Einsetzen kritischer Temperaturen anlegen, in milden Wintern darauf verzichten. WHZ 6.

Tropisches Flair mit Bananen

Bananen sind der Inbegriff tropischer Gartenbilder. Doch statt um die bekannten Essbananen (*Musa × paradisiaca*) geht es hier um Bananen, die Frost vertragen! Sie stammen nicht aus den Tropen, sondern aus dem asiatischen Raum. Mit ihnen setzen Sie im Garten wahrhaft exotische Akzente.

Golden-Lotus-Bananen sind in milden Lagen freilandtauglich

Winterharte Bananen

Je kräftiger die Bananenwurzeln zum Zeitpunkt des Auspflanzens sind, umso eher gelingt die Freilandkultur. Halten Sie unter 3 Jahre alte Pflanzen im Kübel und überwintern Sie sie im Haus. Diese Arten sind gartentauglich:

- **Japanische Faserbanen** (*Musa basjoo*) sind ausgesprochen schnellwüchsige Stauden, die in einem Sommer Gesamthöhen über 4 m erreichen können. Deshalb macht es nichts, dass ihre Blätter und „Stämme", die aus den Blattstielenden bestehen, im Winter zurückfrieren. Im Frühling treiben aus den Wurzeln neue Seitensprosse mit der typisch frühlingsgrünen Laubfarbe; WHZ 7.
- **Sikkim-Bananen** (*Musa sikkimensis*) haben rote Blattunterseiten und eine mehr oder weniger ausgeprägte rote Maserung auf den Oberseiten. Sonst vergleichbar mit *M. basjoo;* WHZ 8.
- **Golden-Lotus-Bananen** (*Musella lasiocarpa*) zeichnen sich durch ihre blaugrün bereiften, festen Blätter aus. Sie vertragen mehr Sonne als die *Musa*-Arten, aber auch weniger Kälte. Mit Schutz wachsen sie in klimamilden Regionen als klein bleibende Gartengäste (1,5–2 m) in WHZ 8–9.

Der richtige Platz

Bananen haben fleischige Wurzeln, die bei ständiger Nässe faulen. Deshalb ist ein kiesig-sandiger und zugleich humoser Boden die Voraussetzung für ein gutes Gedeihen. Der Standort sollte halbschattig sein, da bei zu starker Sonneneinstrahlung die weichen Blätter Verbrennungen davontragen können und die Gefahr von sommerlicher Trockenheit zu groß ist. Meiden Sie windige Standorte, da ansonsten die Blätter stark einreißen.

Bananen-Ernte?

Die genannten *Musa*-Arten bilden in Freilandkultur zuweilen Blüten, aber selten Früchte aus. Zur Bestäubung sind mehrere Pflanzen nötig, zum Ausreifen angesetzter Früchte ist die Vegetationszeit hierzulande leider oft zu kurz.

Bananen im Winter

Faserbananen gedeihen geschützt zwischen Häusern prächtig

Ganz ohne Schutz überdauern Bananen jedoch nicht im Garten. Sobald die Frostperiode einsetzt, kappt man die Pflanzen, schlägt ein Drahtgestell um die Pflanzen (siehe S. 60. f.) und füllt es locker mit Stroh auf. Eine Abdeckung des Gestells mit Bastmatten oder gelochter Folie leitet einen Großteil der Niederschläge ab und schützt die Pflanzen vor Nässe. Der Erdboden aber bleibt leicht feucht, da er aus benachbarten Bodenregionen Feuchtigkeit zieht. Im Frühling sprießen die Bananenstauden aus den Wurzeln neu – meist mit mehreren Trieben. So werden die Pflanzen von Jahr zu Jahr kräftiger und buschiger. Im Frühling, wenn der Frost vorbei ist (April/Mai), entfernt man den Winterschutz von seinen Schützlingen.

SMART

Pflegetipps für Bananen

- **Wurzelschäden durch Wühlmäuse** verhindert man, indem man beim Pflanzen einen verzinkten Kaninchendraht mit ins Pflanzloch legt.
- **Durch ihr rasches Wachstum** brauchen Bananen sehr viele Nährstoffe. Düngen Sie im Frühling mit Kompost und von Mai bis Mitte August mit organischen oder mineralischen Sofortdüngern.
- **Die beste Zeit zum Auspflanzen** ist das Frühjahr, sobald sich der Boden erwärmt hat (April).

Kakteen & Co. im Garten

Kakteen und andere wasserspeichernde Pflanzen (Sukkulente) stammen aus Wüstenregionen. Die Tage sind hier heiß, die Nächte aber bitterkalt, ja frostig. Deshalb haben sich viele Pflanzen nicht nur an den ständigen Wassermangel, sondern auch an Kälte angepasst und können mit unseren Wintern bestens umgehen.

Kakteen-Ideen

Ein kleines Kakteenbeet im Garten kann jeder einrichten, denn Kakteen brauchen nicht viel Platz! Eine kleine Ecke im Vorgarten oder an der Terrasse genügt.

▸ Hochbeete sind dabei eine dauerhafte Lösung, die zudem die Pflege erleichtert, da man sich weniger bücken muss. Da Kakteen spezielle Bodenansprüche haben und in normalen Gartenböden Probleme haben, bieten sich Hochbeete an, die von niedrigen Mauern umgeben und mit Kakteen-Substrat gefüllt werden. Idealerweise plant und konstruiert man im Zuge der Anlage gleich den nötigen winterlichen Regenschutz mit ein, zum Beispiel eine Ständerkonstruktion, die im Winter mit Glasplatten abgedeckt wird.

▸ Hangbeete sind für Sukkulente vom Kaktus bis zur Agave beliebt. Damit es hier bei Niederschlägen nicht zur Erosion kommt, sichert man die Flächen mit großen Steinen. Sie fangen herabrieselnde oder abgeschwemmte Erde auf und schützen die Pflanzen vor Überschüttungen.

▸ Frühbeete sind eine sehr elegante Lösung, die auch Einsteigern hohe Erfolgsquoten sichert. In den Sommermonaten nimmt man die Deckel der Frühbeete komplett ab. Auch die Wände kann man bei einfachen Steckmodellen, die preiswert zu haben sind, komplett entfernen. Dann wachsen die Kakteen „frei“ im Garten. Im Winter bieten die Frühbeetabdeckungen besten Schutz vor Nässe. Allerdings dürfen sie tagsüber bei Sonnenschein nicht geschlossen bleiben, da sich sonst ein feucht-warmes Klima bildet. Sorgfältiges Lüften ist hier das A und O!

SMART

Kakteen pflanzen

- **Die beste Pflanzzeit** sind die Monate Mai bis Juli. Pflanzen Sie nicht im Herbst.
- **Setzen Sie Kakteen** lieber einige Millimeter erhöht als zu tief ein, da sonst die Basis fault.
- **Der Pflanzabstand** sollte 20–30 cm betragen.
- **Schutz vor der Bewehrung** bieten beim Pflanzen dicke Leder-Handschuhe.

Winterhart, aber wie?

Winterharte Kakteen passen sich durch verschiedene Mechanismen an extreme Klimabdingungen an:

▸ Gedrungener Wuchs ist eine Strategie, die auch bei Gebirgspflanzen weit verbreitet ist. Je näher die Pflanzenteile am Boden bleiben, desto weniger sind sie Wind und Kälte ausgesetzt. Selbst geringe Schneedecken können kleine Pflanzen komplett bedecken und so isolieren. Pflanzen, deren Triebe weit in die Höhe ragen, haben es hier viel schwerer. Ein Beispiel ist der Feigenkaktus *Opuntia fragilis*, der

Feigenkaktus (im Bild: Opuntia polyacantha var. juniperina)

im Gegensatz zu seinen oft meterhohen Verwandten polsterförmig wächst.

▸ Hinter Steinen finden Kakteen an ihren Heimatstandorten Schutz. In der Nähe größerer Steinbrocken sind sie vor Wind und Wetter besser geschützt. Reichern Sie deshalb auch Ihr Kakteenbeet im Garten mit Gesteinsbrocken an. Wohl tut Kakteen obendrein eine Abdeckung des Substrats mit Kieselsteinen als Mulchschicht. Sie hält die Kakteenbasis trocken und unterdrückt unerwünschte Unkräuter.

▸ Karge Böden tun ihr Übriges, dass Kakteen abgehärtet sind. Ihr jährlicher Zuwachs ist dann so gering, dass die Pflanzenkörper kompakt und fest bleiben: ideale Voraussetzungen, harte Winter gut zu überstehen.

Tipps für die Kakteenpflege

Kakteen sind Hungerkünstler, die mit kärgsten Bedingungen zurechtkommen, nicht aber mit der Konkurrenz durch andere Pflanzen. Jäten Sie deshalb konsequent Unkraut in den Sommermonaten heraus.

Da sie extrem langsam wachsen, können sich Kakteen nach Schäden nur schwer binnen eines Sommers regenerieren. Geschwächte oder geschädigte Pflanzen nimmt man im Herbst aus den Beeten, topft sie ein und überwintert sie im Haus oder Kleingewächshaus. Haben sie sich erholt, setzt man sie im Frühjahr wieder zurück ins Freie.

Kleine Kakteen ganz groß

Kakteen sind in ihrer Winterhärte schwer einzuschätzen. Was beim einen gedeiht, versagt beim anderen. Probieren geht über Studieren.

Hitzköpfe

Kakteen lieben nicht nur heiße Standorte. Sie lösen auch immer wieder hitzige Debatten aus, welche Art winterhart ist und welche nicht. Wo der eine Gartenbesitzer jahrelange Erfolge aufweisen kann, scheitert der andere schon im ersten Winter. Die Ursache liegt dabei oft nicht bei den Pflanzen, sondern bei den kleinklimatischen Bedingungen. Und die sind schon innerhalb eines jeden Gartens sehr verschieden, erst recht bei unterschiedlichen Gärten oder gar Regionen. Deshalb gibt es keine hundertprozentige Winterhärte. Bewährt sind:

- Maihuenia poeppigii stammt aus Chile und zählt zu den blatttragenden Kakteen. Allerdings halten diese nur sehr kurz. *Maihuenia* bildet 15 cm niedrige Polster und verzweigt sich reichlich.
- Pediocactus ist eine Gattung mit sehr kleinen (etwa 5 cm), kugelförmig wachsenden Vertretern aus den USA (z. B. *Pediocactus knowltonii, P. simpsonii*).
- Sclerocactus umfasst dicht bedornte Kakteen mit länglichen, bis zu 15 cm langen Sprossen (*Sclerocactus polyancistrus, S. whipplei*).
- Corynopuntia mit seinem reich verzweigten Vertreter *C. clavata* besitzt fingerdünne Triebe, die leicht abbrechen. Deshalb vorsichtig einpflanzen und im Winter vor Windlast schützen.
- Gymnocalycium ist mit zwei Arten unter den Gartenkakteen vertreten: *G. bruchii, G. calochlorum* (Frosttoleranz bis -23 °C).
- Echinocactus stellt eine Art, die Temperaturen bis -10 °C verträgt: *Echinocactus ingens*.
- Echinopsis hat als winterharte Art *Echinopsis rhodotricha* zu bieten (bis -12 °C).

Igelsäulenkaktus

Echinocereus

- Merkmale: Zylindrische Kakteenkörper, max. 20–25 cm hoch und bis zu 10 cm im Durchmesser; je nach Art lang oder kurz bedornt, unverzweigt oder Seitensprosse bildend (z. B. *E. triglochidiatus*); Blüte 2–4 cm groß, gelblich.

- Arten für den Garten: *E. chloranthus, E. engelmannii, E. reichenbachii, E. triglochidiatus, E. viridiflorus, E. oklahomensis, E. polyacanthus, E. primolanatus, E. fitchii.*

- Pflege: Um bei feuchter Witterung Pilzkrankheiten vorzubeugen, mit Fungiziden behandeln; in trockenen Jahren unnötig; beim Jäten vorsichtig vorgehen: Kakteen wurzeln sehr flach!

- Überwinterung: Vor Regen geschützt in durchlässigem Substrat.

Escobaria

Escobaria

▸ Merkmale: Nordamerikanische Gattung mit halbkugelförmig wachsenden Vertretern; 5–10 cm Durchmesser; mehrere Sprosse fügen sich zu kleinen Polstern zusammen; Wurzeln sind verdickt („Rübenwurzeln"); Blüte 5–7 cm groß, rötlich bis rosa.

▸ Arten für den Garten: *E. missouriensis, E. vivipara, E. sneedii.*

▸ Pflege: Wie bei allen Kakteen ist bei Neuanlagen in den ersten 2–3 Jahren keine Düngung erforderlich; danach organischen Dünger im Vorfrühling (März/April) unter die Erde mischen, z. B. Hornspäne.

▸ Überwinterung: ab September überdachen, damit sich die Pflanzen langsam auf die Winterruhe einstellen; winterhart bis -23 °C.

Feigenkaktus

Opuntia

▸ Merkmale: Aus übereinanderwachsenden Gliedern aufgebaute, „verzweigte" Kakteen; attraktive, leuchtend gelbe, glänzende Sommerblüten; essbare Früchte im Herbst.

▸ Art für den Garten: *O. arenaria, O. basilaris, O. clavata, O. darwinii, O. echinocarpa, O. erinacea, O. fragilis, O. fulgida, O. humifusa, O. imbricata, O. leptocaulis, O. littoralis, O. macrorhiza, O. nicholii, O. phaecantha, O. polyacantha, O. pusilla, O. rhodantha, O. violacea, O. whipplei* .

▸ Pflege: Vermehrung ist im Gegensatz zu den meisten anderen Kakteen sehr einfach: Blattglieder bewurzeln in Erde gesteckt rasch und zuverlässig.

▸ Überwinterung: Schutz vor Nässe und Schneelasten, da Bruchgefahr der Blattglieder.

Cylindropuntia

Cylindropuntia

▸ Merkmale: Reich verzweigte Kakteen mit fingerdüngen Trieben; attraktive, weiße Dornen; aus den USA und Mexiko stammend.

▸ Art für den Garten: *C. imbricata, C. whipplei, C. spinosior, C. viridiflora*.

▸ Pflege: Weit ausladende Triebe mit Steinen stützen, indem man diese vorsichtig unter die „Zweige" schiebt; zur Vermehrung: abgebrochene Blattglieder in Kakteenerde setzen; vor dem Stecken Bruchstelle einige Tage antrocknen lassen.

▸ Überwinterung: *C. spinosior* hält etwa -20 °C stand, ebenso *C. imbricata*; vor Drucklasten schützen; wie bei allen Kakteen bei Überdachung Seitenflächen für eine stete Durchlüftung offen lassen (sonst Pilzgefahr).

Frostfeste Palmlilien

Pamlilien sind vielen vielleicht besser als „Yuccas" bekannt. Sie sind nicht nur robust, sondern auch sehr pflegeleicht und frostverträglich.

Mit dicker Haut

Palmlilien sind weder Palmen noch Lilien. Sie zählen zu den Agavengewächsen (Agavaceae). Charakteristisch sind ihre stabilen, länglich-schmalen Blätter, die je nach Art kleine bis größere Mengen Wasser speichern. Sie stehen in Schöpfen am Ende der unverzweigten oder verzweigten Stämme zusammen.

Mexiko vor der Haustür

Palmlilien sind exotische Hingucker für Vorgärten oder kleinere Vorgarten-Bereiche. Auch in Innenhöfen schaffen sie ein Wüstenpanorama, das im Sommer so gut wie keine Pflege erfordert: Gießen ist tabu!

Noch mehr Yuccas

Neben den rechts porträtierten Arten kommen weitere Yucca-Arten als Dauergäste im Garten in Frage:

- Yucca recurvifolia zählt zu den starkwüchsigeren Arten mit mehrstämmigen Gruppen und mehreren Quadratmetern Flächenbedarf im Alter. Die Blätter sind nicht fleischig und ohne harte Spitze. Nässeschutz ist nötig. WHZ 7.
- Yucca gloriosa sieht der zuvor genannten Art sehr ähnlich und wird häufig mit dieser verwechselt. Zudem werden im Handel natürliche Kreuzungen (Hybriden) angeboten. Die schwertförmigen, bläulichen Blätter sind etwas breiter und dicker. WHZ 7.
- Yucca glauca zeichnet sich durch sehr schmale Blätter aus. Der Stamm bildet sich erst spät heraus. WHZ 6–7.
- Yucca aloifolia ist mit ihren buntlaubigen Sorten sehr beliebt. Sie wächst zügig und stammbildend heran. WHZ 8.

Yoshua-Baum

Yucca brevifolia

- Merkmale: Breite, fleischige Blätter, vergleichsweise kurz mit harter, dorniger Spitze; grün gefärbt, keine Blaufärbung; Stämme häufig krumm wachsend; zumeist verzweigt, am Naturstandort (z. B. USA) baumbildend.
- Standort: Geschützte Standorte vor südexponierten Hauswänden mit sommerlicher Hitze; gut durchlässige Sand- oder Kiesböden.
- Pflege: Nicht düngen, damit Blätter nicht „mastig" und weich werden; abgestorbene Blätter abschneiden, da die „Röcke" zu Fäulnis neigen.
- Überwinterung: Durch den höheren Wassergehalt in den Blättern ist diese beliebte Art frostempfindlicher als andere Yuccas; Rundum-Regenschutz nötig; WHZ 8.

Fädige Palmlilie

Yucca filimentosa

▸ Merkmale: Durch Nebensprosse zumeist horstig wachsende Art; kaum Stammbildung; attraktive Blüte mit weißen Blütenglocken, ab dem 4. bis 5. Lebensjahr jährlich; sehr ähnlich und ebenfalls häufig als Gartenpflanze eingesetzt: *Yucca flaccida*.

▸ Standort: Vollsonnige Plätze auf durchlässigen Böden wählen; verträgt aber auch gut dränierte, lehmige Erde.

▸ Pflege: Robuste, pflegeleichte Art; keine Düngung erforderlich; welke Blütenstände abschneiden, um den Pflanzen Kraft zu sparen.

▸ Überwinterung: Kein Winterschutz für Frost- oder Nässeschutz nötig; bei starker, winterlicher Sonnenstrahlung mit Reisig abdecken (Schattierung), WHZ 5.

Schmalblättrige Yucca

Yucca linearis

▸ Merkmale: Sehr schmale, grüne Blätter; meist einstämmig; Verzweigung möglich; schöne Stamm-Berockung, da sehr dicht; Blätter nicht fleischig, gering wasserspeichernd.

▸ Standort: Vollsonnig, warm, gut belüftet im „Herz" (Bereich der Blattansätze), damit rasche Abtrocknung sommers wie winters möglich ist.

▸ Pflege: Verbraunte Blätter abschneiden, jedoch nicht zu kurz, damit die Stamm-Berockung erhalten bleibt und keine Verjüngung der Stämme nach oben erfolgt.

▸ Überwinterung: Wurzelbereich mit Fichtenreisig abdecken; Stämme mit Fichtenreisig umbinden; für sicheren Regenschutz von oben sorgen, WHZ 7.

Blaublättrige Yucca

Yucca rostrata

▸ Merkmale: Deutlich blau gefärbte, sehr feste Blätter; in der Regel einstämmig und unverzweigt; sehr langsamwüchsig, aber zuverlässige Bewurzelung; vergleichbar: *Y. thompsoniana* und *Y. elata* mit ebenfalls schmalem, bläulichem Laub.

▸ Standort: Vollsonnige Lagen auf gut durchlässigem Sand- oder Kiesboden; kein Tropfwasser von oben (z. B. von Dachtraufen); ideal sind überdachte Plätze; Wurzelbereich mit Kieselsteinen abdecken.

▸ Pflege: Welke Blüten abschneiden (Gefahr von Pilz-, Woll- und Schildlausbefall).

▸ Überwinterung: Kein Frostschutz, aber Nässeschutz nötig; Blattansätze dürfen winterlichem Niederschlag nicht ausgesetzt sein; WHZ: 6–7.

Robuste Rauschöpfe & Agaven

Viel zu wenig bekannt, aber sehr attraktiv sind die Rauschöpfe (*Dasylirion*). Sie stammen aus den Wüstenregionen Mexikos, wo sie sich tagsüber gegen extreme Hitze und nachts gegen bittere Kälte schützen müssen. Gleiches gilt für viele Agaven-Arten, die sich ebenfalls als Gartenpflanzen eignen.

Trockenkünstler Rauschöpfe (Dasylirion longissimum)

Rauschöpfe

Ihren Namen haben die Rauschöpfe, die zu den Drachenbaumgewächsen (Dracaenaceae) zählen, von ihren Blattspitzen, die sich bei einigen Arten wie Pinsel auffächern. Die Blätter sind von ihren Längen her so fein aufeinander abgestimmt, dass sie mit zunehmenden Alter immer perfektere Halbkugeln auf dicken Stämmen bilden. Die Winterhärte wird meist mit -6 °C angegeben, nach eigener Erfahrung werden mit Nässe- und Wurzelschutz jedoch deutlich niedrigere Temperaturen toleriert. Da die Blätter wenig Wasser speichern, treten seltener Frostschäden auf als bei Agaven.

- **Dasylirion acrotrichum** zeichnet sich durch bläuliche, an den Rändern scharf gezähnte Blätter aus und ist eine der am häufigsten in Kultur herangezogenen Arten. Ihr Hang zur Bastardisierung erschwert jedoch die Zuordnung. Die Blattspitzen splitten sich zu Pinseln auf. Sehr ähnliche Art: *Dasylirion glaucophyllum*. WHZ 7–8.
- **Dasylirion longissimum** hat dunkelgrüne, im Querschnitt gerundete Blätter ohne Zähnung. Die Blattspitzen sind trocken, fasern aber nicht auf. Berührt man die Blättern, rascheln sie, weshalb die Art auch „Mikadopflanze“ genannt wird. WHZ 7–8.
- **Dasylirion serratifolium** zählt zu den Arten mit gezähnten Blatträndern; die Blätter haben eine grüne Färbung. WHZ 7–8.
- **Dasylirion wheeleri** besitzt charakteristisch gedrehte, leicht bläuliche, gezähnte Blätter. WHZ 7–8.

Agaven

Agaven haben das „Handicap“, dass sie reichlich Wasser in ihren Blättern speichern. Wenn sie sich ab Herbst keine „dicke Haut“ zulegen und nicht genügend „Frostschutzmittel“ einlagern (siehe S. 6 f.), zerstört der Frost ihre Gewebezellen. Dennoch besitzen einige Agaven eine hohe Kältetoleranz. Für viele Arten sind -10 °C kein Problem, im Einzelfall – abhängig vom Standort – auch deutlich mehr, da sie aus den Gebirgsregionen der südlichen USA und Mexiko stammen und teilweise bis in Höhenlagen von über 1600 m vorkommen. Für die folgenden Arten ist ein vollsonniger, vor Niederschlägen geschützter Standort in kiesig-sandiger Erde Pflicht:

- Utah-Agaven (*Agave utahensis*) zählen zu den blaublättrigen Agaven. Ihre Blattrosetten erreichen bis zu 40 cm Durchmesser. Sie gilt als die frosthärteste aller Agaven und hat im Freiland bereits Temperaturen bis -20 °C schadlos gemeistert. WHZ 7.
- Mescal-Agaven (*Agave parryi*) sind mit ihren graugrünen, harmonisch geformten und angeordneten, bis zu 40 cm langen, breiten Blättern sehr attraktive Pflanzen, die keinen Stamm bilden und häufig im Handel angeboten werden. WHZ 7–8.
- Agave toumeyana schmückt ihre kahnförmig gebogenen, bis zu 30 cm langen Blätter mit weißen Haaren an den Rändern.WHZ 8.
- Agave palmeri trägt blaugrau bereifte Blätter mit roten End- und Randstacheln. Eine sehr ähnliche Art ist *Agave chrysantha*. WHZ 7–8.
- Agave parviflora bleibt mit einem Durchmesser von maximal 20–30 cm klein. Die Blattränder sind mit weißen Haaren besetzt, was sie sehr attraktiv aussehen lässt. WHZ 7–8.
- Agave neomexicana übersteht ebenfalls gut -20 °C; sie besitzt blaugrüne, etwa 30–40 cm lange, bewehrte Blätter. WHZ 7.

Im Sukkulentenbeet sind Rauschöpfe willkommen (D. wheeleri)

SMART Pflegetipps

- **Die Pflanzerde** für Rauschöpfe und Agaven sollte zu 50 % aus grobem Sand bestehen oder zu 25 % aus Sand und 25 % aus Lavagrus.
- **Schutz vor Wintersonne** erhalten Agavenblätter durch eine Abdeckung mit Reisig.
- **Düngen Sie** Rauschopf & Co. nicht! Die Nährstoffe in der Erde reichen aus.

Exotischer Früchtespaß

Äpfel, Kirschen, Pflaumen & Co. sind für uns bekannt-bewährte Früchte. Aber wie wäre es, auch mal Kiwis, Feigen oder Kakis aus dem eigenen Garten zu ernen? Immer mehr dieser südländischen Fruchtgehölze halten Einzug in unsere Gärten.

Die Ernte sichern

Ob Sie wenig oder viel ernten, können Sie ein Stück weit selbst steuern. Einen Teil übernimmt das Wetter. Ist das Frühjahr mild, so dass die Obstbäume reich blühen können, von Insekten bestäubt werden und viele Früchte ansetzen, sind die Ernteperspektiven besser als in kalten Jahren mit Spätfrösten. Geht der Sommer schon früh im September zu Ende, haben einige Früchte nicht die Zeit auszureifen. Dann nimmt man sie ab, bevor es kalt wird, und lässt sie im Haus nachreifen. Auf folgende Punkte haben Sie direkten Einfluss:

- **Veredelte Pflanzen** fruchten bereits in jungen Jahren und in vorhersehbarer Fruchtqualität. Sämlinge dagegen sind unkalkulierbar, was Fruchtbeginn und -qualität anbelangt. Deshalb ist es besser, veredelte oder sortenechte Pflanzen zu kaufen. Letzere werden beispielsweise aus Steckhölzern bewährter Sorten gezogen.
- **Die Bestäubung** ist wie bei den meisten Obstbäumen sicherer, wenn Sie zwei oder mehr Bäume unterschiedlicher Sorten setzen – auch wenn diese selbstfruchtbar sind und männliche Pollen wie weibliche Narben in einer Blüte vereinen. Durch einen Sortenmix erzielen Sie eine Staffelung der Blüte- und später der Erntezeit.
- **Das Alter** der Pflanzen bestimmt die Erntemenge. Obwohl Feigen aus Steckhölzern bereits ab dem zweiten Lebensjahr fruchten, tragen sie erst ab dem 6. bis 8. Lebensjahr üppig.
- **Der richtige Standort** trägt dazu bei, dass einmal angesetzte Früchte auch ausreifen. Dazu zählen Böden, die auch im Sommer feucht bleiben – oder Sie helfen mit wöchentlichem Gießen in Dürrezeiten nach. Sonst werden viele Früchte abgestoßen und fallen zu Boden.

In voller Blüte zeigt sich die Dreiblättrige Orange (Poncirus) im Mai

Kiwi (Actinidia) rankt gerne an sonnigen Hauswänden empor

Ständiger Wind kühlt die Pflanzen nicht nur aus, sondern kann auch größere Früchte wie die Kakis herunterreißen. Deshalb windabgewandte Lagen wählen und kalte Mulden meiden.

▸ Tiere schmälern die Ernte zum Teil erheblich. Wespen laben sich beispielsweise mit Vorliebe an Feigen, Vögel fliegen auf Kakis, sobald sich diese orange zu färben beginnen. Zum Schutz der Ernte spannt man rechtzeitig engmaschige Netze um die Kronen. Sie müssen jedoch so dicht zugebunden werden, dass Vögel nicht hineingelangen und sich darunter verfangen können.

SMART

Oliven, Granatäpfel, Wein – wie frosthart sind sie?

- **Oliven** sind nur in deutlich klimabegünstigten Lagen einen Auspflanz-Versuch wert. Zu einer der robustesten, norditalienischen Sorten zählt 'Frantoio', die jedoch schon ab -12 °C Schäden davonträgt; WHZ 8.
- **Granatäpfel** sind trotz ihrer hohen Regenerationsfähigkeit zum Auspflanzen nur in mildesten Lagen geeignet, da ihre dünnen Zweige empfindlich sind. WHZ 9.
- **Wein** (*Vitis vinifera*) ist überall gartentauglich!

Richtig düngen

Obstbäume brauchen für ihre Fruchtentwicklung reichlich „Power". Streuen Sie im Frühjahr eine 3–5 cm dicke Schicht reifen Kompost auf den Wurzelbereich.

Leckereien aus dem Süden

Wer seine Speisekarte mit ungewöhnlichen Obstsorten bereichern möchte, findet mehr frostharte Exoten als erwartet.

Fruchtgenuss pur

Folgende Obstbäume sind fürs Freiland geeignet:

▸ Nashis (*Pyrus pyrifolia* var. *culta*) sind hierzulande noch wenig verbreitet, obwohl ihre apfelgroßen Früchte sehr lecker sind: erfrischend saftig und mild wie eine Mischung aus Apfel und Birne mit goldfarbener Schale. Die selbstfertilen Bäume sind so frostfest wie Birnen. WHZ 6.

▸ Paw-Paw (*Asimina triloba*), gesprochen „Pau-Pau", ist ein nordamerikanisches Obstgehölz, dessen Früchte schon bei den Indianerstämmen wegen ihres hohen Vitamin- und Mineralgehalts geschätzt waren. Zur Bestäubung sind zwei Pflanzen nötig (Selbststerilität). Die Sorte 'Sunflower' ist selbstfruchtbar. WHZ 6.

▸ Brasilianische Guaven (*Acca sellowiana*) können in klimabegünstigten Regionen (siehe S. 8 f.) ausgepflanzt werden. Da die graulaubigen Büsche immergrün sind, benötigen sie zwingend Sonnenschutz im Winter. Die weiß-roten Maiblüten sind prächtig, ihre Bestäubung mit einer Partnerpflanze in der Nähe sicherer. Alternativ gibt es erntesichere Sorten wie 'Mammouth' oder 'Triumph'. WHZ 8–9.

▸ Chinesiche Datteln (*Ziziphus jujuba*), auch Brustbeeren genannt, werden in den Mittelmeerländern immer seltener angebaut, da ihre braunschaligen Früchte mit 3–4 cm Länge recht klein bleiben und das apfelartig schmeckende Fruchtfleisch vom Kern gelöst werden muss. Hierzulande sind die locker wachsenden, bewehrten Kleinbäume mit ihren frischgrünen Sommerblättern jedoch immer beliebtere, besondere Gartengäste; WHZ 8.

Kaki, Sharon-Frucht

Diospyros kaki

▸ Merkmale: Sommergrüne Kleinbäume, die in jeden Garten passen; auf veredelte Pflanzen wie 'Tipo' oder 'Vainiglia' achten; 'Sharon' ist eine israelische Sorte; Blüte: V.

▸ Früchte: Zur Vollreife apfelgroße und -förmige Früchte mit leuchtend oranger, weicher Schale und geleeartig-mildem Fruchtfleisch; für Direktverzehr; Ernte ab September.

▸ Standort: Geschützte Lagen zwischen anderen (Obst-)Bäumen; im Sommer sonnig, im Winter beschattet; gedeiht auf allen guten Gartenböden.

▸ Überwinterung: Stamm schützen durch Umwickeln mit Jutestreifen, Einhüllen mit Bastmatten oder Anlehnen von Holzbrettern; empfindlichster Punkt ist die Veredlungsstelle; WHZ 7–8.

Feige

Ficus carica

▸ Merkmale: Anfangs meist einstämmig wachsend; später locker verzweigte Kleinbäume; bei wiederholten Frostschäden buschig wachsend (Wurzelschosse); variable Sommerblätter; aromatisch duftend.

▸ Früchte: Fruchtbildung bei heutigen Sorten ohne Blüte oder Vorfrüchte; Färbung je nach Sorte violett (z. B. 'Turca', 'Melanzana', 'Columbaro Nero') oder grün (z. B. 'Dottato', 'Fillacciano', 'Gentile'); Reife ab August: rechtzeitig ernten! Reifestopp durch Kälte: Früchte verhärten, keine Nachreife.

▸ Standort: Sonnig, windgeschützt; auf durchlässige, nahrhafte Böden pflanzen.

▸ Überwinterung: Wurzelbereich mulchen; Krone mit Stroh und Bastmatten umhüllen; WHZ 7–8.

Maulbeere

Morus alba, nigra, rubra

▸ Merkmale: Mittelgroße (*M. nigra*), große (*M. rubra*) bis sehr große (*M. alba*, Bild) Bäume, sommergrün; früher bekannter Gartenbaum (Blätter sind Futter für Seidenraupen), heute selten geworden; Blüte grünlich, unscheinbar, im Mai.

▸ Früchte: Je nach Art schwarz (*M. nigra*), rot-schwarz (*M. rubra*) oder weiß (*M. alba*), brombeerförmig; Reifezeit im Juni/Juli; zum Direktverzehr; Geschmack bei allen drei Arten fruchtig, saftig und süß.

▸ Standort: Platzanspruch beachten; auf nährstoffreichen, auch lehmigen Böden; sonnig; windige Lagen meiden, da hier Astbruchgefahr.

▸ Überwinterung: Kein Winterschutz erforderlich; WHZ 5 (*M. alba*) und 6 (*M. nigra, M. rubra*).

Dreiblättrige Orange

Poncirus trifoliata

▸ Merkmale: Mittelgroße Büsche; nur bei Mitteltriebförderung und Aufasten baumförmig; sommergrün; Zweige mit langen Dornen; sehr reiche Blüte im April oder Mai, weiß, nicht duftend.

▸ Früchte: Durch ihre anfänglich pelzige Schale sehr dekorativ; zur Vollreife orange; wenig Fruchtfleischgehalt; für Marmelade verwendbar.

▸ Standort: Sonnig bis halbschattig; gerne an Mauern o. in Pflanznischen/-becken, in gemischten Hecken.

▸ Überwinterung: Kein Kälteschutz nötig; die breiten, grünen Zweige sind jedoch anfällig für Rindenrisse bei winterlicher Besonnung (starker Temperaturwechsel Tag/Nacht); deshalb mit Matten, Vlies oder Reisig schattieren; WHZ 5–6.

Nüsse für Genüsse

▸ Esskastanien (*Castanea sativa*) kommen in den Wäldern des Rheintals vor – aber nicht nur hier! In großen Gärten halten die Bäume, die höher als 20 m werden können, bis etwa -20 °C winterlicher Kälte stand (WHZ 6). Man sollte aber zwei genetisch unterschiedliche Pflanzen setzen, da sich die getrennt auf einem Baum sitzenden männlichen und weiblichen, selbstfertilen Blüten im Juni/Juli nicht zeitgleich öffnen. Ernte ab Mitte Oktober möglich.

◂ Pekannüsse (*Carya illinoinensis*) sind wie die Königsnüsse (*Carya laciniosa*, Bild) in den USA (Kentucky) beheimatet (WHZ 6). Damit das junge Holz der Bäume bis zum Herbst gut ausreift und sich festigt, sollte der Standort sonnig sein und der Boden nicht austrocknen. Achten Sie auf eine ausgewogene Nährstoffversorgung. Je vier ölreiche, schmackhafte Kerne sind von einer harten und einer fleischigen Schale umgeben und in einer Frucht zusammengefasst.

► **Echte Mandeln** (*Prunus dulcis*) stammen aus der Türkei, dem Kaukasus und östlicheren Gebieten (z. B. Afghanistan) mit WHZ 7. Winterliche Kälte ist für sie daher kein Problem. Der Standort sollte aber im Sommer sonnenreich und warm sein. Spätfröste können der üppigen, schönen Blüte zwischen Januar und April schaden. Zur Bestäubung sind zwei genetisch verschiedene Mandelbäume oder eine selbstfertile Sorte wie 'Tuono' oder 'Supernova' nötig. Der Mandelkern steckt in einer harten, braunen Schale, die wiederum von einer grün-pelzigen Hülle ummantelt ist, die im Oktober aufplatzt.

◄ **Butternüsse** (*Juglans cinerea*), auch Weiße Walnüsse genannt, sind eng mit der Echten Walnuss (*Juglans regia*) verwandt. Sie stammen aus Kanada und Nordamerika (WHZ 5). Sie bleiben im Kronendurchmesser etwas kleiner als die Echten Walnüsse, benötigen aber immer noch viel Platz. Die Nüsse sind ölreich und schmecken sehr süß. Die Inhaltsstoffe der äußeren Fruchtschalen und der Rinde wurden früher als Heilmittel verwendet. Die sommergrünen Bäume mit ihrem hohen Wasserbedarf bevorzugen erdfeuchte Standorte.

Prächtige Blütenbäume

Das Reich der Blütenpflanzen ist riesig, sehr eingeschränkt dagegen oft die Pflanzenauswahl in unseren Gärten. Wer keine Lust auf Forsythie und Thuja als Standardpflanzen hat, dem steht eine enorme Bandbreite unbekannter wie ungewöhnlicher Blütengehölze bereit, die dem Garten Individualität verleihen.

Seidenbäume (*Albizia julibrissin*) sind im Juli eine Pracht

Auf Entdeckerpfaden

Der Begriff „exotisch" wird je nach Kenntnisstand verschiedenartig angewendet: Für den einen sind es Pflanzenarten der Tropen, für den anderen alles, was ihm unbekannt ist, auch wenn es aus Mitteleuropa stammt. Deshalb mag Ihnen von den folgenden „Exoten" das ein oder andere bekannt oder aber gänzlich unbekannt vorkommen. Eines ist sicher: Alle vorgestellten Pflanzen sind eine willkommene Bereicherung für jedes Gartengrundstück.

▸ Blauglockenbäume (*Paulownia tomentosa*) fallen schon durch ihre großen Sommerblätter auf. Für ihre im Alter breiten Kronen braucht man Platz: Sie können über 10 m Durchmesser erreichen. Dafür begeistern sie in sonnigen, warmen Lagen im Mai mit bis zu 30 cm langen, aufrechten blauen Blütenständen. Blau zählt zu den bei Bäumen besonders seltenen Blütenfarben! WHZ 7.

▸ Taschentuchbäume (*Davidia involucrata*) winken Ihnen zur Blütezeit im Mai und Juni mit weißen „Tüchern" aus ihren 5–8 m hohen und damit recht kleinen Kronen zu: Ihre kleinen Blüten werden von zwei langen, gelblich-weißen, auffälligen Hüllblättern begleitet. Die Blätter sind deutlich gerippt, vergleichbar mit Hainbuchen. Frostschutz ist in geschützten Lagen nur bei jungen Bäumen nötig. WHZ 7.

▸ Tulpenbäume (*Liriodendron tulipifera*) zählen zu den Magnoliengewächsen (Magnoliaceae) und tragen dementsprechend elegante, orangegrüne, 4–5 cm große, aufrechte Blüten in Tulpenform. Die sommerlichen Blätter sind ähnlich einer Speerspitze geformt. Im Alter erreichen die aus den USA stammenden Bäume 20 m Höhe. WHZ 6.

▸ Chitalpa x tashkentensis trägt keinen deutschen Namen, dafür aber schon in jungen Jahren attraktive, rosafarbene Blütenbüschel mit feiner Strichzeichnung. WHZ (7–8).

▸ Trompetenbäume (*Catalpa bignonioides*) bilden malerische, breite Kronen mit großen, herzförmigen Blättern

Die weiß-gelben Blütenrispen im Juni/Juli sind prächtig anzuschauen. WHZ 5.

▸ Maiglöckchensträucher (*Halesia carolina*) tragen ihren Namen zu Recht: Ihre weißen Blütenglocken sitzen im Mai dicht aufgereiht an den sommergrünen Zweigen der kleinen Bäume oder großen Sträucher. Es folgen geflügelte Früchte und eine auffällige Herbstfärbung. WHZ 6.

▸ Perlschweife (*Stachyurus chinensis*) sind mit nur 2 m Endhöhe kleine Büsche, die durch ihre frühe Blüte auffallen. Die Knospen bilden sich schon im Herbst in langen Schweifen und öffnen sich im Spätwinter, sobald es milder wird. WHZ 7.

Losbäume (Clerodendrum trichotomum) blühen im Spätsommer reich

SMART

Standort-Tipps

- **Pflanzen** Sie die vorgestellten Arten nicht einzeln stehend in offene Rasenflächen, sondern im Verbund mit Bäumen oder Sträuchern.
- **Die Erde** sollte im Sommer nicht austrocknen, damit das Laub nicht vorzeitig welkt und die Bäume sich im Herbst in Ruhe auf den Winter vorbereiten können.

▸ Storaxbäume (*Styrax japonicum*) zeichen sich durch ihren etagenartigen Wuchs (etwa 5 m Höhe) aus: Ihre sommergrünen Zweige stehen fast waagerecht ab und tragen im Juni oder Juli eine Fülle weißer Blütenglocken. WHZ 6.

▸ Blauschoten (*Decaisnea fargesii*) sehen mit ihren großen, bis zu 80 cm langen, gefiederten Sommerblättern auf den ersten Blick wie Essigbäume oder Aralien aus. Aus ihren hängenden, grünlichen Blütentrauben im Mai entwickeln sich bis zum Herbst 10 cm lange, schotenförmige Früchte. WHZ 7.

▸ Pimper- oder Klappernüsse (*Staphylea pinnata*) sind nicht nur wegen ihrer namensgebenden Früchte interessante Gewächse. Auch die narzissenähnlichen Blüten der sommergrünen, kleinen Bäume sind eine aparte Zierde für Strauch und Garten. WHZ 5.

Seidenbaum *Albizia julibrissin*

▸ Merkmale: Elegante, sommergrüne, im Alter breitkronige Bäume mit filigranen Fiederblättern; 5–8 m Höhe; rosa Pinselblüten im Juni/Juli.
▸ Standort: Sonnige bis halbschattige Plätze; keine Hitze; auf gut durchlässige und zugleich humusreiche Erde achten; warme, windabgewandte Plätze.
▸ Pflege: Auf eine konstante Wasserversorgung achten; stauende Nässe unbedingt vermeiden; vorzeitiger Blattabwurf resultiert aus Wurzelproblemen.
▸ Überwinterung: Wurzelbereich mit einer dicken Lage Laub und Fichtenreisig abdecken; Stämme gegen Wintersonne schattieren; WHZ(7–8).

Judasbaum *Cercis*-Arten

▸ Merkmale: Büsche oder kleine Bäume; sommergrün. *C. siliquastrum* (s. Foto S. 18) grünblättrig, *C. canadensis* zunächst dunkelrot beblättert, später vergrünend; rosa Aprilblüten direkt aus den Zweigen entspringend.
▸ Standort: Sonnig auf gut durchlässigen Böden, geschützt und warm.
▸ Pflege: Anspruchslose Gehölze; Trockenheit wird vertragen, führt aber zu vorzeitig verbraunenden und abfallenden Blättern im Spätsommer.
▸ Überwinterung: Bei *C. canadensis* kein Schutz nötig (WHZ 6), bei *C. siliquastrum* anfangs Wurzel- und Stammschutz anbringen (WHZ 7).

Orangenblume *Choisya ternata*

▸ Merkmale: Immergrüne Sträucher mit hierzulande selten mehr als 1,5 m Höhe; weiße Blüte im April/Mai, sehr reich; zart duftend.
▸ Standort: Humusreiche Böden, leicht sauer; beim Pflanzen Rhododendronerde beimischen; im Sommer teilsonnig bis halbschattig, z. B. unter Bäumen.
▸ Pflege: Meist kein Schnitt nötig, da natürlicherweise dichter Wuchs; Staunässe im Wurzelbereich vermeiden, Böden aber nicht austrocknen lassen.
▸ Überwinterung: An wintersonnigen Plätzen mit Fichtenreisig oder Bastmatten schattieren; Wurzelbereich mit Laub und Reisig abdecken; WHZ 8.

Japanischer Losbaum *Clerodendrum trichotomum*

▸ Merkmale: Krone häufig schirmförmig ausgebreitet; Blüte im Spätsommer oder Frühherbst in duftenden Dolden; danach attraktiver, lang anhaltender Fruchtschmuck (Bild links, Blüte siehe Foto S. 41).
▸ Standort: Humusreiche Böden in sonnigen bis halbschattigen Lagen, windgeschützt; gerne in gemischten Blütenhecken.
▸ Pflege: Anspruchslose, sommergrüne Bäume; hoher sommerl. Wasserbedarf.
▸ Überwinterung: In den ersten Jahren Wurzel-, Stamm- und Kronenschutz, später zuverlässig winterhart; WHZ 7.

Franklinie *Franklinia alatamaha*

▸ Merkmale: Immergrüne Raritäten mit attraktiven Blättern; bei uns selten höher als 2–3 m; bis zu 8 cm große Sommerblüten schon bei jungen Bäumen.
▸ Standort: Halbschattig bis teilsonnig; humusreicher und zugleich durchlässiger, steiniger Boden; passt gut zu Rhododron und Azaleen.
▸ Pflege: Auf konstante Bodenfeuchtigkeit sommers wie winters achten.
▸ Überwinterung: Wurzelbereich abdecken, Stämme einwickeln, Kronen auch in wintermilden Lagen vor der Wintersonne schattieren (z. B. mit Schattiernetzen, Vlies etc.); WHZ 8.

Krepp-/Kräuselmyrte *Lagerstroemia indica*

▸ Merkmale: Sommergrüne Kleinbäume oder Büsche, als Allee-Bäume beliebt; spätsommerliche Blüte sortenabhängig in Rot, Rosa, Violett oder Weiß.
▸ Standort: Vollsonnig auf gut durchlässigen Böden; Trockenheit und Hitze sind kein Problem; bei luftfeuchten Plätzen Gefahr von Mehltaubefall.
▸ Pflege: Jährlicher kräftiger Rückschnitt der Triebe im Spätwinter erforderlich, da die Blütenbildung nur am Ende der neuen (einjährigen) Zweige erfolgt.
▸ Überwinterung: Wurzel- und Stammschutz ist empfehlenswert; Zurückfrieren der Krone unproblematisch (siehe „Pflege“); WHZ 7.

Immergrüne Magnolie *Magnolia grandiflora*

▸ Merkmale: Immergrüne Bäume; Blattoberseiten glänzend, unterseits braunrot-filzig; ab 10–12 Jahren große, cremefarbene, duftende Frühsommer-Blüten.
▸ Standort: Im Sommer teilsonnige bis halbschattige Plätze, die im Winter beschattet sind (z. B. von wandernden Haus- oder Baumschatten).
▸ Pflege: In der Regel kein Schnitt nötig; Bodentrockenheit – vor allem im Winter – meiden, da dann infolge von Blattverlust zum Verkahlen neigend.
▸ Überwinterung: Kein Kälteschutz, aber unbedingt Sonnenschutz erforderlich; Kronen in Schattiernetze oder Vlies hüllen; WHZ 6.

Duftblüte *Osmanthus*-Arten

▸ Merkmale: Immergrüne Sträucher mit bei uns selten mehr als 1,5 m Höhe; intensiv duftende Blüten, bei Süßer Duftblüte (*O. fragrans*) nach Pfirsichblüten, bei Stachelblättriger Duftblüte (*O. heterophyllus*) nach Flieder duftend.
▸ Standort: Sonnig bis halbschattig, gern im Verbund mit anderen Blütensträuchern; leicht saure Böden; beim Pflanzen Rhododendronerde verwenden.
▸ Pflege: Bodentrockenheit vermeiden; mit Rhododendrondünger versorgen.
▸ Überwinterung: Wurzelbereich mit Laub und Reisig abdecken; Kronen schattieren; Stachelblättrige Duftblüte: WHZ 7, Süße Duftblüte: WHZ 9.

Duft liegt in der Luft

Neben saftigen Früchten und schönen Blüten begeistern exotische Gartengäste auch mit ungeahnten Düften süßer, lieblicher oder herber Note, die ihren Blättern oder Blüten entströmen. Um ihr Parfum intensiv wahrnehmen zu können, pflanzt man sie in Sitzplatznähe.

Gewürzsträucher (Calycanthus) verströmen im Mai ihren Duft

Dufte, diese Sträucher!

Für folgende duftende Pflanzen ist in jedem Garten Platz, da sie klein bleiben:

▸ Kuchenbäume (*Cercidiphyllum japonicum*) wachsen meist als reich verzweigte Büsche heran. Ihr Aroma entfalten sie im Herbst, wenn sich die Blätter zu verfärben beginnen. Dann duftet der ganze Strauch so lecker wie ein Hefekuchen! Auch die April-Blüten duften. Das Laub färbt sich beim Austrieb und im Herbst gelb-orange-rot. WHZ 5.

▸ Herrliche Losbäume (*Clerodendrum bungei*) duften wie sie heißen: herrlich. Ihre Triebe breiten sich durch unterirdische Wurzelausläufer aus und bilden so mit den Jahren größere Pulks. Im Winter in Mitleidenschaft gezogene Triebe werden von den Halbsträuchern durch Wurzelschosse ersetzt. WHZ 8.

▸ Gewürzsträucher (*Calycanthus floridus*) werden maximal 1,5 m hoch. Ihre tief dunkelroten Frühlingsblüten halten sehr lange und duften aromatisch. Auch die Blätter und die Rinde der Zweige verströmen einen angenehm-würzigen Duft; WHZ 6. Ebenfalls zu den Duftpflanzen zählen Orangenblume und Duftblüte (siehe S. 42 f.).

Duft in dritter Dimension

Neben den Bäumen und Sträuchern können auch Kletterpflanzen unseren Geruchssinn verwöhnen.

▸ Sternjasmin (*Trachelospermum jasminoides*) ist ein beliebter Begleiter in Weinbergen, der die Kletterhilfen der Reben mitnutzt. Die immergrünen Schlinger blühen im Mai und Juni sehr reich, wochenlang und verströmen dabei einen intensiven, aber lieblichen Duft; WHZ 8.

▸ Jasmin ist mit seinen gelbblühenden Arten (*Jasminum nudiflorum, J. mesnyi, J. humile*) kein Unbekannter im Garten, doch leider duften deren Blüten nicht. Anders der Gewöhnliche Jasmin (*Jasminum officinale*) oder der Vielblütige Jasmin (*J. polyanthum*):

Sie meistern mit entsprechenden Schutzmaßnahmen Winterhärtezone (WHZ) 8 und verwöhnen an Spalieren entlangrankend ihre Besitzer mit intensiv duftenden, weißen Sommerblüten, die rosafarben überhauchten Knospen entspringen. Beide Arten werfen im Herbst ihr Laub ab.

Robust: Eukalyptus

Die Heimat des Eukalyptus liegt über 14 Flugstunden weit enfernt in Australien. Und trotzdem schmücken einige von ihnen die Gärten hierzulande mit ihrem blaugrauen, aromatisch duftenden Laub. Der bekannteste Garten-Eukalyptus ist der Mostgummi-Eukalyptus, auch Tasmanischer Eukalyptus genannt (*Eucalyptus gunnii*). Er hält mit Schutz mehr als -12 °C stand (WHZ 8). Viel wichtiger als der Schutz vor Kälte ist eine konstante Wasserversorgung im Sommer wie im Winter, sonst trocknen die Blätter ein und fallen ab. Neben dem Mostgummi-Eukalyptus sind als robuste Vertreter auch der Rutenförmige Eukalyptus (*E. viminalis*) sowie *Eucalyptus pauciflora* subsp. *niphophila* in Fachgärtnereien erhältlich. Andere gartentaugliche Arten sind dagegen schwer zu bekommen, etwa *E. parvifolia, E. coccifera, E. cordata, E. dalrympleana, E. fruticetorum, E. johnstonii, E. macarthurii, E. nicholii, E. ovata, E. perriniana* (alle WHZ 8).

Herrliche Losbäume (*Clerodendrum bungei*) duften einfach herrlich

SMART

Exotische Klettermaxe

- **Die Trompetenblume** (*Campsis radicans*) sorgt mit ihren großen, roten Blütentrichtern für südländische Blütenpracht (WHZ 6).
- **Passionsblumen** mit ihren bizarren Blüten sind an Exotik kaum zu überbieten. Blaue Passionsblumen (*P. caerulea*) vertragen eine gute Portion Frost (WHZ 7) und können geschützt im Garten ausgepflanzt werden, ebenso die Arten *Passiflora colvillii* und *P. incarnata*.

Urweltliche Nadelbäume

Nadelbäume zählen zu den ältesten Pflanzen dieser Erde – bei ihrem Anblick fühlt man sich um Jahrtausende zurückversetzt.

Es ist eine interessante Erfahrung, „Urweltpflanzen“, zwischen denen in früheren Erdzeitaltern Dinosaurier umherstreiften, aus nächster Nähe zu erleben. Einige dieser Urahnen der Erdgeschichte haben bis heute überlebt – der beste Beweis, dass sie robust und anpassungsfähig sind. Ihr einziger Nachteil ist die oft schlechte Regenerationsfähigkeit. Die meisten können aus älteren Zweigen nicht mehr neu sprießen (z. B. *Sequoiadendron, Sequoia*). Doch das gilt nicht für alle. Der Urweltmammutbaum etwa kann abgebrochene Triebspitzen oder zurückgetrocknete Zweige mühelos ersetzen, was mit daran liegen mag, dass er zu den wenigen, laubabwerfenden Nadelbäumen zählt. Wer mit urweltlichen Exoten im Garten bereits Erfahrungen hat, kann sich an die Kür wagen: Baumfarne (*Dicksonia*) kommen ursprünglich in Neuseeland im Unterholz dauerfeuchter Wälder vor. Die Frosttoleranz dieser urzeitlichen Geschöpfe ist erstaunlich: -10 °C sind für sie kein Problem (WHZ 8), solange die Wedel und Stämme stets feucht bleiben.

Chilenische Andentanne

Araucaria araucana

▸ Merkmale: Aufgrund des markanten Wuchses auch „Affenschwanz-Tannen“ genannt; das dreieckige, immergrüne Laub ist dachziegelartig dicht entlang der Zweige aufgereiht; Zweige waagerecht abstehend; jährlich wächst bei vitalen Pflanzen eine Etage hinzu; langsamwüchsig.

▸ Standort: Gut dränierte, aber trotdem stets leicht feuchte Böden wählen; Staunässe lässt die Wurzeln faulen, Dürre das Laub eintrocknen; junge Pflanzen gedeihen im luftfeuchten Wanderschatten größerer Bäume am besten; pralle Sonne und sommerliche Hitze meiden.

▸ Pflege: Durch regelmäßiges Gießen für konstante Bodenfeuchte sorgen; Schnittmaßnahmen vermeiden, um den natürlichen, charakteristischen Wuchs zu wahren.

▸ Überwinterung: Kronen von Jugend an vor der Wintersonne schützen, z. B. durch Einhüllen in Vliese, Schattiernetze etc.; Wurzelbereich mulchen, die Stammansätze jedoch nicht anschütten, indem man einen Kunststoffring als Abstandshalter umlegt; WHZ 8.

Urweltmammutbaum

Metasequoia glyptostroboides

▸ Merkmale: Raschwüchsige, schlank-kegelkronige Bäume mit durchgehendem Mitteltrieb (im Bild links; rechts: *Albizia*); in 15 Jahren rund 10 m hoch; frischgrüne Sommernadeln; im Winter kahl; attraktive, rote Rinde; aus China stammend.

▸ Standort: Tiefgründige, nicht austrocknende Böden; sonnige bis halbschattige Lagen; Höhenentwicklung im Alter bedenken (> 30 m); Platzbedarf an Grundfläche ist jedoch kaum größer als bei gängigen Gartenbäumen.

▸ Pflege: Erde im Sommer nicht austrocknen lassen; Empfindlichkeit gegen winterliche Trockenheit jedoch deutlich geringer als bei immergrünen Nadelgehölzen, da laublos.

▸ Überwinterung: Keinerlei Winterschutz nötig; WHZ 6.

▸ Zusatztipp: Auf den ersten Blick ähnlich, aber in ihren Standortansprüchen unterschiedlich ist die Sumpfzypresse (*Taxodium distichum*, Abbildung S. 12): Sie beansprucht dauerfeuchte, sumpfige Plätze in wasserstauenden Mulden; WHZ 6.

Mammutbaum

Sequoiadendron giganteum

▸ Merkmale: Kegelförmig heranwachsende, urzeitliche Immergrüne; aus Nordamerika stammend; in 15 Jahren etwa 5–6 m hoch; spitze, dicht anliegende Nadeln.

▸ Standort: Tiefgründige, stets feuchte Böden; vollsonnige, heiße und windige Standorte meiden; stattdessen luftfeuchte, teilsonnige Plätze in größeren Baumverbänden (waldbildenden Bäumen) suchen.

▸ Pflege: Erde nicht austrocknen lassen; keine Schnittmaßnahmen notwendig.

▸ Überwinterung: Kein Winterschutz nötig; WHZ 6.

▸ Zusatztipp: Sehr ähnlich ist der Küstenmammutbaum (*Sequoia sempervirens*); die Art stellt einige der höchsten, lebenden Bäume der Erde (USA); charakteristisch ist die Rotfärbung des Holzes durch Einlagerung von Gerbstoffen (Tanninen), die es jahrzehntelang vor Verrottung schützen; deutlich weniger frosthart als der Urweltmammutbaum (*Metasequoia*): WHZ 8; deshalb Winterschutz an Wurzeln und bei Jungbäumen an Kronen vorsehen.

Tolles aus der Knolle

Zwiebelblumen spielen ein jährliches Versteckspiel mit uns – und man lässt sie gern gewähren, denn Canna & Co. sorgen wie aus dem Nichts jährlich wieder für farbenfrohe Blütentupfer, die Ihren Exotengarten stilvoll ergänzen.

▲ Indisches Blumenrohr (*Canna indica*) besticht nicht nur mit tropisch üppigen Blüten, sondern mit bananenstaudenähnlichen Blättern im „Tropen-Look", die je nach Sorte grün, rot oder beides sind. Leider sind die Knollen dieser ursprünglich aus Zentral- und Südamerika stammenden Zwiebelblumen nicht frostfest. Deshalb lagert man sie jeden Winter frostfrei und trocken im Haus.

Für ihren furiosen Auftritt brauchen Zwiebelblumen keine Hilfe: Die Kraft hierfür nehmen sie aus ihren Speicherorganen (Zwiebeln, Knollen, Rhizomen). Nach der Blüte sammeln sie mit Hilfe ihrer Blätter neue Energie und füllen damit ihre Kraftstofftanks wieder auf. Deshalb muss man Zwiebelblumen ihre Blätter lassen, bis sie von alleine verwelken. Wer auf den besonderen Schmuck des Indischen Blumenrohrs nicht lange warten möchte, setzt die Zwiebeln schon im Februar in Töpfe mit frischer Erde. Stellt man diese bei rund 15 °C sehr hell im Haus auf, treiben sie schon kräftige Blätter, bevor man sie Anfang Mai hinaus in den Garten pflanzt. Wichtig für alle Zwiebelblumen sind gut dränierte Böden, da bei andauernder Nässe die Zwiebeln unter Fäulnis leiden.

▸ **Lilien** (*Lilium*) sind wie geschaffen dafür, orientalisches Flair in den Garten zu bringen. Besonders formen- und farbenreich sind die Asiatischen Lilien (*Lilium*-Hybriden), aber auch duftende Madonnenlilien (*L. candidum*) und Königslilien (*L. regale*) sind edle Grazien für Ihre Gartenbeete. Pflanzzeit sind die Herbstmonate September und Oktober. Für die Pflanztiefe gilt: Jede Zwiebeln sollte mit dem Maß an Erde überdeckt sein, wie ihr eigener Durchmesser beträgt, also bei 5 cm dicken Zwiebeln 5 cm Erdbedeckung. Ein weiterer Winterschutz ist nicht nötig; WHZ 6–7.

◂ **Fackellilien** (*Kniphofia uvaria*) sind südafrikanische Schönheiten, die im Hochsommer blühen. Sie sind auch in der Vase lange schön. Ihre Speicherorgane erinnern an Krakenarme. Sie werden im August gepflanzt. Die Hauptknospe im Zentrum der vielen Wurzelarme sollte dabei etwa 8 cm tief in der Erde sitzen und auf einen kleinen Hügel aus Sand gebettet werden. So sind Fackellilien im Winter im Freien gleichermaßen sicher vor Frost und Nässe. Wählen sie vollsonnige, warme Plätze mit durchlässiger Erde, die nicht austrocknen. WHZ 8.

Pflege für Exoten

SPEZIAL 52 Professionell pflanzen

54 Richtig gießen & düngen

56 Rundum gesunde Pflanzen

58 Winterschutz für Wurzeln

60 Kronenschutz im Winter

SPEZIAL 64 Exotische Rezepte

Professionell pflanzen

Das Setzen einer Pflanze ist wie ein Ticket, das bestimmt, wohin künftig die Reise geht. Ob am Ende der Fahrt ein gesundes, wohlgewachsenes Exemplar herauskommt, bestimmen Sie beim Pflanzvorgang wesentlich mit.

Vor der Ausführung steht die Planung. Analysieren Sie zunächst genau, ob der angedachte Standort von seinen Klima- und Bodenbedingungen her geeignet ist (siehe S. 6 ff.). Erst dann greift man zu Spaten und Schaufel. Und das am besten im Frühjahr (April/Mai), denn dann haben die Pflanzen einen ganzen Sommer Zeit, Fuß zu fassen und sich für den Winter zu stärken. Im Herbst gepflanzt, ist der Boden zwar tiefgründig erwärmt und feucht. Ihre Exoten werden jedoch ohne nennenswerte Vorbereitungszeit gleich mit der schwierigsten Jahreszeit konfrontiert. Wählen Sie zum Pflanzen bewölkte Tage aus. Bei Sonne ist die Gefahr groß, dass von den Töpfen befreite Wurzeln rasch austrocknen. Zudem stehen die Neulinge unter Stress – Sonneneinstrahlung ist dann ein zusätzlicher Faktor. Regnet es in den Tagen nach dem Pflanzen, haben Sie den Termin optimal getroffen.

1

◂ **Ausheben:** Jedes Pflanzloch sollte mindestens so groß sein, dass die Wurzelballen bequem darin Platz finden. Besser sind Löcher, die doppelt oder sogar 3–4 mal so tief und breit sind. Lockern Sie den Grund des Pflanzlochs mit senkrechten Spatenstichen. Bei nässeempfindlichen Pflanzen hilft eine Schicht grober Sand oder Kies, die man zuunterst in das Pflanzloch gibt. Soll die Pflanze mit Holzpfählen gestützt werden, stellt man diese schon beim Pflanzen mit ins Loch. Später in den Boden getrieben, könnten sie leicht die Wurzeln verletzen.

Das rechte Maß

Obwohl es schweißtreibend ist: Je größer Sie ein Pflanzloch ausheben, umso besser für Ihren Schützling. Denn große Setzlöcher ermöglichen es, viel frische Erde einzufüllen, die entsprechend der Bedürfnisse der jeweiligen Art zusammengesetzt ist.Bei der Setzhöhe werden die meisten Fehler gemacht. Einerseits darf eine Pflanze nicht zu tief sitzen, sonst bilden sich Mulden, in denen sich gerade bei nässeempfindlichen Pflanzen zu viel Wasser sammelt. Versucht man im Nachhinein die Höhe zu korrigieren und schüttet Erde auf, darf diese nicht die Stämme berühren: Rindenfäulnis wäre vielfach die Folge. Ist die Rinde an der Basis defekt, funktioniert die Versorgung von den Wurzeln zur Krone nicht mehr – die Pflanze geht ein. Andererseits dürfen die Neulinge nicht zu hoch sitzen. Sonst sterben die oberen, frei liegenden Wurzeln ab. Idealerweise schließt der Stammansatz genau mit der umliegenden Erdoberfläche ab. Messen kann man das mit einem Stab, den man über das Pflanzloch legt und den Setzling daran ausrichtet.

2

▲ **Einfüllen:** Es ist empfehlenswert, die Erde portionsweise einzufüllen und diese mit den Fäusten oder Füßen vorsichtig festzutreten. So schließen sich eventuelle Hohlräume, die durch sich verkeilende Erdbrocken oder Steine entstehen. Große Hohlräume unterbrechen die Wasser- und Nährstoffzufuhr für die Wurzeln. Halten Sie beim Einfüllen die Pflanze fest, damit sie durch das Festtreten nicht mit absackt. Auch die letzte Erdlage wird leicht festgetreten, aber nicht verdichtet. Ganz wichtig nach dem Pflanzen ist das Angießen. Ist das umgebende Erdreich stark ausgetrocknet, entzieht es sonst dem Neuankömmling Feuchtigkeit und legt ihn oft binnen eines Tages trocken. Geben Sie gleich mehrere Gießkannen über den Pflanzbereich. Sackt dabei Boden nach, kann man gleich etwas Substrat nachfüllen.

Richtig gießen & düngen

Im Gartenboden eingepflanzt, sind Exoten von Natur aus besser mit Wasser und Nährstoffen versorgt als in jedem noch so großen Pflanzgefäß: Sie können auf ein Reservoir zurückgreifen. Und trotzdem entwickeln sich Ihre Schützlinge besser, wenn Sie auch im Garten für Nachschub sorgen.

Gießen, aber reichlich

Wenn in den Sommermonaten der Regen viele Wochen ausbleibt, sind auch die Wasserreserven im Erdreich erschöpft, die für die Wurzeln noch erreichbar sind. Besonders durstige Pflanzen wie Eukalyptus (siehe S. 45) droht dann der komplette Laubverlust und sie gehen stark geschwächt in den Winter. Deshalb sollten Sie in dürren Zeiten wässern.

▸ **Die Wassermenge** muss dabei stets reichlich sein. Bei Bodentrockenheit genügt es nicht, ein oder zwei Gießkannen über den Wurzelbereich zu gießen. Diese Menge reicht gerade, um in die obersten 2–3 cm Erde einzudringen! Bis zu den Wurzeln, die je nach Art metertief reichen können, sickern erst Mengen ab 80–100 l durch! Legen Sie deshalb den Gartenschlauch an die betroffenen Pflanzen und lassen Sie das Wasser eine Stunde und länger laufen.

▸ **Die beste Zeit zum Gießen** sind die frühen Morgenstunden und der Abend. Tagsüber bei praller Sonne verdunstet ein Teil des Wasser bereits, bevor es überhaupt in die Erde eindringen kann. Lassen Sie sich bei der Entscheidung, ob man gießen muss, nicht von den Regenmengen täuschen. Ein kurzer, wenn auch kräftiger Schauer bringt oft nur wenig. Aufschluss gibt Ihnen ein Regenmesser – einfache Kunststofftrichter, die Sie günstig im Fachhandel erhalten. Oder Sie stechen nach einem Regenguss mit dem Spaten ins Erdreich: Dann sehen sie, wie weit – oder vielleicht auch wie wenig! – das wertvolle Nass eingedrungen ist.

▸ **Das Gießen im Winter** ist kein Tick, sondern eine Notwendigkeit bei immergrünen Pflanzen. Denn ihr Laub verdunstet bei Sonnenschein Wasser – egal, wie kalt es ist. Ist der Boden gleichzeitig gefroren und damit das Wasser darin zu Eis erstarrt, können die Wurzeln nichts aufnehmen. Deshalb ist bei allen immergrünen Pflanzen in niederschlagsarmen Zeiten das Wässern an milden Wintertagen notwendig.

Tipps zum Gießen

Überbrausen Sie Kakteen & Co. beim Gießen nicht. Nur die Erde benetzen, nicht die Pflanzenkörper!

Häufen Sie um besonders durstige Pflanzen ringförmig kleine Erdwälle an, um beim Gießen Wasser anzustauen.

Sammeln Sie nach Möglichkeit zur Gartenbewässerung Regenwasser in unterirdischen Behältern auf. Es ist kalkarm und damit besser für die Pflanzen – und kostenlos.

Düngen ja, aber nicht zu viel!

Pflanzen im Gartenboden werden natürlicherweise aus der Luft (Stickstoffverbindungen) und über verrottende Pflanzenreste in der Erde mit Nährstoffen versorgt. Dennoch ist es von Vorteil, im Frühling (März/April) eine 3–5 cm dicke Lage reifen Kompost um die Pflanzen auszubringen. Kompost liefert nicht nur Nährstoffe, sondern regt das Bodenleben an, da in ihm Millionen von Kleinstorganismen leben.

▸ **Organische Dünger** sind neben Kompost Naturdünger auf Mistbasis, Hornspäne, Kräuter-Jauchen und andere Naturprodukte. Der genaue Gehalt an Nährstoffen schwankt je nach Ausgangsstoff und Witterung und ist deshalb nicht exakt messbar. Kontrollieren Sie Ihre Pflanzen regelmäßig auf Mangelerscheinungen wie fahlgelbe Blätter.

▸ **Mit mineralischen Düngern,** auch „Kunstdünger" genannt, können Sie genau dosierbare Nährstoffmengen zuführen und Nährstoffmangel rasch und gezielt beheben. Übertreiben Sie es damit jedoch nicht! Zu viel davon kann den Pflanzen schaden, da es das Wurzelgewebe angreift, wenn es im Boden nicht verbraucht, sondern angereichert wird. Düngen Sie kurz vor Regenschauern und nicht in andauernden Hitzeperioden.

▸ **Der Düngezeitraum** sollte mit der Wachstumszeit ab April beginnen und im August beendet sein. Organische Dünger oder mineralische Langzeitdünger werden schon im März ausgebracht, da sie zwei bis drei Wochen brauchen, bis sie wirksam werden. Eine Gabe Langzeitdünger mit einer Wirkzeit von drei oder sechs Monaten im Juni/Juli wäre dagegen verkehrt. ●

Gießen Sie tagsüber nicht über die Blätter, sondern nur auf die Erde

SMART

Gute Dünger

› **Im Handel** werden Dünger hundertfach angeboten. Achten Sie darauf, dass das Fabrik nicht nur die Hauptnährstoffe Stickstoff (N), Phosphor (P) und Kalium (K) enthält, sondern auch die notwendigen Spurenelemente wie Eisen, Molybdän, Bor, Kupfer, Zink etc.

Rundum gesunde Pflanzen

Der regelmäßige Rückschnitt Ihrer Pflanzen dient nicht nur der guten Optik, sondern auch der Hygiene. Gut gepflegte Pflanzen sind weniger anfällig für Schädlinge und Krankheiten.

Häufig schneiden

„So oft wie möglich“ und „nur so viel wie nötig“, lautet die Devise beim Rückschnitt Ihrer Gartenexoten. Bei vielen der in diesem Buch vorgestellten Pflanzen beschränkt sich das Schneiden darauf, im Frühling braun gewordene Blätter zu entfernen, so bei den Palmen, Palmlilien, Agaven und Rauschöpfen (siehe S. 26 ff.). Bei den Bäumen und Sträuchern ist es generell so, dass sie sich am schönsten, weil natürlichsten entwickeln, wenn man nicht mit der Schere eingreift. Allerdings entspricht das Ergebnis eines frei wachsenden Gehölzes nicht immer den Erwartungen seines Besitzers. Dann gilt:

- **Kräftige Kronenkorrekturen** sind im Vorfrühling (März/April) möglich, kurz bevor die Pflanzen neu sprießen. Dann heilen die Schnittwunden rasch und die Kraft fließt sogleich in die verbliebenen Zweige, die entsprechend kräftig durchtreiben. Schnittwunden, die größer als ein 2-Euro-Stück sind, verstreicht man an den Rändern mit Baumwachs.
- **Der Ausputz** kranker oder abgestorbener Zweige findet jedes Jahr im Spätwinter statt. Dabei sollten beschädigte Triebe stets bis ins gesunde Gewebe zurückgeschnitten werden, das saftig und grün ist. Lassen Sie keine „Kleiderhaken“ stehen. Trockene Zweigstummel bieten nur Eintrittspforten für Pilze und andere Infektionen.

So machen Sie einen guten Schnitt

Achten Sie auf saubere Scheren mit scharf geschliffenen Klingen. Je glatter der Schnitt, umso schneller verheilt er.

Trennen Sie Zweige stets über einer zum Kronenäußeren gerichteten Knospe oder einem Blatt ab. Der Schnitt wird leicht schräg und 3–5 mm oberhalb der Knospe angesetzt.

Schneiden Sie schon in der Wachstumszeit bis Juli Zweige zurück, die zu lang werden oder das Kronenbild stören.

Pflanzenschutz auf sanfte Art

Im Garten liegt vieles, was Ihre Pflanzen krank machen kann, in der Luft. Die Pilzsporen des Mehltaus werden z. B. von benachbarten Rosen auf Kreppmyrten (*Lagerstroemia*) übertragen. Geflügelte Blattläuse setzen im Frühling von Pflanze zu Pflanze über, um sich jeweils an den jüngsten, frischesten Blättern und Blütenknospen zu laben. Und dennoch ist das alles weniger schlimm als zum Beispiel im Wintergarten oder anderen geschlossenen Räumen. Denn im Garten kommen den befallenen Pflanzen natürliche Gegenspieler zu Hilfe. Läuse

Trockene Zweige schneidet man bei der Dreiblättrigen Orange (Poncirus) und anderen Gehölzen bis ins gesunde grüne Gewebe zurück

werden von Marienkäfer & Co. vertilgt. Schädliche Raupen sind die Leibspeise von Vögeln. Im Winter erfrieren viele Insekten und ihre Eigelege, so dass sich Probleme im Folgejahr oft von alleine erledigen. Deshalb müssen Sie im Garten nicht jedem Befall sofort begegnen. Beobachten Sie dessen Verlauf. Erst, wenn eine stete Zunahme erfolgt, sollten Sie Pflanzenschutzmaßnahmen ergreifen. Aus Rücksicht auf Ihre Helfershelfer wie nützliche Insekten sollten Sie „sanfte Mittel" anwenden, also solche, die als ungefährlich für Bienen ausgewiesen sind. Auf der Verpackung finden Sie zudem Hinweise, wann der Zeitpunkt zur Behandlung am günstigsten ist (z. B. nicht nur Hauptflugzeit von Bienen). Wenden Sie Pflanzenschutzmittel nicht an sonnigen Tagen an. Da viele Präparate ölige Bestandteile enthalten, bleiben diese auf den Blättern haften und können bei Besonnung Blattschäden verursachen. Wählen Sie deshalb bewölkte Tage aus, an denen es jedoch nicht zum Regnen kommt. Sonst würden die Pflanzenschutzmittel zu rasch abgespült, bevor sie einwirken können.

SMART

Ohne Chemie

- **Kleine Schädlinge wie Blattläuse** lassen sich durch Abduschen mit dem scharfen Strahl aus einem Gartenschlauch vertreiben.
- **Raupen** kann man durch Leimringe, die man um die Stämme legt, daran hindern, in die Kronen zu gelangen.
- **Fliegende Insekten** werden über Pheromon-Fallen „chemiefrei" durch Sexual-Lockstoffe angezogen und dann unschädlich gemacht.

Winterschutz für Wurzeln

Beim Thema Winterschutz führt ein Missverständnis immer wieder zu Problemen: Es wird nicht klar zwischen Kronen-, Stamm- und Wurzelschutz unterschieden, obwohl hier deutliche Differenzen bestehen.

Wurzelschutz

Der im Grunde wichtigste Teil einer Pflanze ist die Wurzel. Ist sie gesund, bleibt es die Pflanze auch oder sie kann sich zumindest durch neue Triebe regenerieren. Die Wurzeln ausgepflanzter Exoten sind im Gegensatz zur klassischen Kübelkultur bereits durch den Erdboden sehr gut geschützt, sofern die Lage stimmt. Hierzulande frieren die Böden selbst im strengsten Winter in der Regel nicht tiefer als bis in 80 cm Tiefe durch. Der Frost dringt nur Zentimeter für Zentimeter ein, aber auf seinem Weg reißt er Wurzeln ab, weil er den Boden hebt, oder er ritzt die Wurzeln mit tausend feinen Schnitten seiner Eiskristalle ein. Der Frost kommt jedoch umso langsamer vorwärts, je dicker der Boden mit einer isolierenden Schicht abgedeckt ist. Sie kann aus Laub oder Mulch bestehen, die man im Herbst in 15–20 cm dicken Lagen um die Pflanzen streut. Herbstlaub gibt es in jedem Garten kostenlos und in Mengen. Als Mulch wird gerne Rindenmulch verwendet. Ihn erhalten Sie lose in Sägewerken; in Säcken verpackt im Fachhandel. Auch möglich ist eine Decke aus Holzwolle aus holzverarbeitenden Betrieben. Damit diese leichten Materialien bei Windböen nicht weggeweht werden, deckt man sie mit Fichtenzweigen oder anderem Reisig ab, die damit für eine zweite Deckschicht sorgen. Auch Schnee ist eine hervorragende Isolierdecke, die die Erde darunter warm hält. Fegen Sie lockeren Schnee deshalb auf keinen Fall im Winter weg. Aufhäufen sollten Sie ihn allerdings auch nicht, da geschippter Schnee rasch verdichtet, sehr schwer wird und Zweige niedriger Sträucher abbrechen lässt.

Mit „Mantel“ oder Wärmequelle

Selbst wenn Sie spät dran sind: Besser spät als gar nicht geschützt! Kleineren Pflanzen können Sie einige Wochen lang Holz- oder Styroporkisten überstülpen, die mit Stroh gefüllt werden (z. B. Kakteen).

Glühbirnen wandeln nur 5 % des Stroms in Licht, 95 % in Wärme um. Über die Pflanzen in die Winterschutzhüllen gehängt, sind sie einfache Wärmequellen. Aber Vorsicht: Abstand einhalten, sonst Brandgefahr!

Wühlmaus-Abwehr

Gefährlich an einer dicken Mulchschicht über dem Wurzelbereich kann sein, dass sich hier Mäuse einnisten und unbemerkt an der Rinde oder den Wurzeln nagen. Kontrollieren Sie deshalb Ihre Pflanzen regelmäßig und stellen Sie gegebenenfalls Fallen auf.

Wurzelschutz-Ende

Im Frühling sollte man die isolierende Mulchschicht so bald wie möglich entfernen. Ist erst die schlimmste Kälte vorbei, soll die Frühlingssonne den Boden erwärmen und die Wurzeln zum Leben erwecken. Eine dicke Lage Mulch stört dann nur, weil sie die Sonnenstrahlen nicht bis zum Boden durchlässt und diesen kühl hält. Deshalb sollte man ab März/April die Mulchdecken entfernen, die sich im Falle einer Laubbedeckung ohnehin bereits infolge von Rotteprozessen stark zersetzt haben. Kehrt die Kälte noch einmal zurück, deckt man die Pflanzen erneut mit Reisig ab. Aber auch Zeitungspapier oder ausgediente Textilien leisten hier Soforthilfe. Ihre Isolierwirkung hält nicht lange (sie nimmt bei Nässe rasch ab), aber einige Tage „Winterrückfall“ lassen sich damit überbrücken. Im Sommer ist es wiederum ratsam, eine neue Mulchdecke anzulegen. Sie schützt den Boden bei Hitze vor frühzeitiger Austrocknung und hemmt zugleich den Aufwuchs von Unkräutern: So brauchen Sie seltener jäten.

In das übergestülpte Drahtgestell schichtet man zur Isolierung Stroh, Laub oder Holzwolle auf den Wurzelbereich.

SMART

Laub als Mulch: darauf sollten Sie achten

- **Nur das Herbstlaub gesunder Bäume** verwenden. Sonst können Pilzkrankheiten übertragen werden.
- **Eichen- und Walnussblätter** sind nicht geeignet. Sie verrotten zwar sehr langsam, was vorteilhaft ist, setzen aber viele Gerbstoffe frei, die empfindlichen Exotenwurzeln nicht bekommt.
- **Laub** möglichst mit etwas Abstand zur Pflanze anhäufeln, damit die Stammansätze frei bleiben.

Kronenschutz im Winter

Für den Schutz der oberirdischen Pflanzenteile stehen Ihnen eine Vielzahl von Möglichkeiten zur Verfügung. Dabei geht es in erster Linie darum, die Auskühlung zu reduzieren, Wind abzuhalten und die Rinde sowie immergrüne Blätter vor der Wintersonne zu schützen. „Wärmen" können alle folgenden Alternativen ihre Pflanzen nicht, da sie keine Wärmequellen sind: Ist es draußen bitterkalt, bietet auch ein Winterschutz keine oder nur um 1 bis 2 °C höhere Temperaturen. Aber dafür schützt er vor anderen Witterungseinflüssen wie Wind, kaltem Regen, Schnee und Fraßschäden durch Tiere, sofern die Hüllen dicht sind.

Pflanzen einhüllen

Die einfachste Form des Winterschutzes ist das Einhüllen der Kronen in Textilgewebe. Alleiniger Zweck: Schattierung vor Wintersonne. Einlagige Hüllen bewirken keinen spürbaren Temperaturschutz. Geeignete Materialien sind Vliese, Schattiernetze, Jute oder Leinen. Sie werden entweder in Streifen wie Wickelröcke um die Pflanzen geschlungen und mit Seilen zugebunden. Oder man näht aus den Geweben Säcke in passender Größe, die man über die Kronen stülpt und am Stamm windsicher zusammenbindet. Die Säcke sind jahrelang verwendbar.

Pflanzen umbauen

Etwas aufwändiger ist der Bau eines Rahmens um die Pflanzen. Der Vorteil gegenüber der vorherigen Methode ist, dass diese Hüllen nicht direkt an den Zweigen anliegen. Dadurch haben die Pflanzen mehr Luft und können bei Nässe rascher abtrocknen. Solange die Pflanzen noch klein sind, ist es recht einfach, vier angespitzte Holzpfosten, Dachlatten oder Eisenstangen senkrecht in den Boden zu treiben. Diese werden mit den zuvor genannten Geweben seitlich umhüllt und abgedeckt, wobei das Dach gespannt oder gewölbt sein muss, damit Regen abfließen und Schnee abrutschen kann. Hierfür sind satteldachartig angebrachte Querlatten geeignet. Stabiler gegenüber Schnee- oder Windlast sind zeltartige Konstruktionen, bei denen die Pfosten pyramidenartig gegeneinander gelehnt und an der Spitze mit Seilen verzurrt werden. Von den Seiten rutscht Schnee gut ab. Eine Seitenfläche zum Öffnen und Lüften bei mildem Wetter nicht vergessen!

Stammschutz

Um Baumrinden im Winter vor Rissen zu schützen, lehnt man Bretter dagegen und verschnürt diese windsicher. Das Streichen der Stämme mit weißer Kalkmilch hilft ebenfalls, da diese Sonnenstrahlen reflektiert, ist aber weniger effektiv als die Bretter-Methode.

Umwickelt man die Rinde mit Jutestreifen, bleiben diese nach Niederschlägen lange feucht und sind deshalb im Frühling baldmöglichst abzunehmen.

Umzäunt

Alternativ kann man um die zuvor beschriebenen Lattenkonstruktionen ein Zaungeflecht spannen und innen mit Stroh oder Laub füllen. Das hat sich für Bananen bewährt, deren Laub im Winter abstirbt. Ein regensicheres Dach ist von Vorteil, da nasses Stroh fault und kaum Isolierwirkung hat.

Regenschutz

Wüstenpflanzen wie Palmlilien, Kakeen oder Agaven müssen vor Nässe geschützt werden. Kleine Exemplare kann man mit auf Steine gestellten Plastikhauben überdecken, z. B. mit den Deckeln von Aussaatkästen, die Lüftungsschlitze haben. Auch eine Glasplatte, die auf vier kurze Pfosten gelegt wird, hält Regen ab. Bei höheren Pflanzen wie Palmen lassen sich an windgeschützten Stellen Regenschirme verwenden, deren Stiele man an entsprechend lange Holzpfosten bindet. Bei Sturmschäden muss man sie gegebenenfalls erneuern (siehe auch S. 20 ff.).

SMART

Bitte keine Plastikfolie!

› **Hüllen Sie** Ihre Pflanzen auf keinen Fall komplett in Plastikfolie ein. Darunter entsteht an sonnigen Tagen ein feucht-warmes Klima, das die Pflanzen zum verfrühten Austreiben anregt. Nachfolgender Frost trifft sie doppelt hart. Zudem bildet sich unter Folien Schwitzwasser, das zu Pilzinfektionen und Fäulnis führen kann. Folien nur als Nässeschutz verwenden und entweder oben oder seitlich offen lassen.

Schlagen Sie ein Stück verzinkten Zaun um die Pflanzen und ummanteln Sie ihn seitlich mit Jute, Bastmatten oder mit Luftpolsterfolie, abschließend von oben Stroh einfüllen.

Infoecke

Bildquellen

- Archiv Sukkulenten-Sammlung, Zürich Seite 29 li.
- Bärtels, Andreas Seite 38 u.
- FLORA Press Seite 2/3.
- Graf, Hans Seite 27, Umschlagbild hinten re.
- Haberer, Martin Seite 22, 23 li.
- Köhlein, Fritz Seite 32.
- Lepp, George D./CORBIS Umschlagfoto vorn
- Ratsch, Tanja Seite 4/5, 10, 11, 12, 15, 21, 23 M., 24, 25, 28, 29 re., 31 M., 31 re., 33, 34, 37 li, 37 re., 39 o., 42 o., 43 o., 45, 47 li., 52, 53, 55, 57, 59, 61.
- Reinhard, Hans Seite 6, 7, 13, 14, 16 , 18/19, 29 M.,35, 36, 37 M., 38 o., 39 u., 40, 41, 42 (2. v. o.), 42 (2. v. u.), 42 u., 43 (2. v. o.), 43 (2. v. u.), 43 u., 44, 49 o., 49 u., 50/51, Umschlagbild hinten li.
- Reinhard, Nils Seite 17 o., 17 u., 23 re., 30, 31 li., 46, 47 re.
- Schreiber, Heinz Seite 9.
- Stockfood Seite 64, U3.
- Strauß, Friedrich Seite 48.

Zur Autorin

- **Die Autorin** Tanja Ratsch ist Dipl.-Ing. für Landespflege und führt mit ihrem Mann die Versandgärtnerei „flora toskana“ für exotische Kübel-, Wintergarten- und Gartenpflanzen in Neu-Ulm (www.flora-toskana.de). Sie ist Freie Redakteurin für Europas größtes Gartenmagazin und Autorin mehrerer Gartenbücher.

Literatur

- **Gehölze für mediterrane Gärten, Walter Schmidt,** Verlag Eugen Ulmer, Stuttgart 1999.
- **Kakteen auswählen und pflegen, Yves Delange,** Eugen Ulmer Verlag, Stuttgart 2006.
- **Magnolien, Günter Pardatscher,** Verlag Eugen Ulmer, Stuttgart 1995.
- **Palmen, Wilhelm Lötschert,** Verlag Eugen Ulmer, Stuttgart 2006
- **Agaven, Thomas Heller,** Natur- und Tier-Verlag, 2003

Adressen

- **flora toskana (Versandgärtnerei für exotische Kübel-, Wintergarten- und Gartenpflanzen)**
Schillerstraße 25
89278 Nersingen OT Straß
Tel. 07308/9283387
Fax 07308/9283389
www.flora-toskana.de
info@flora-toskana.de

- **Bruns Pflanzen-Export GmbH & Co.KG**
Johann-Bruns-Allee 1
26160 Bad Zwischenahn
Tel. 04403/601-0
www.bruhns.de
bruhns@bruhns-pflanzen.de

- **Uhlig Kakteen (Versandgärtnerei für Kakteen und andere Sukkulente)**
Hegnacher Str. 31
71394 Kernen i.R.
Tel. 07151/41891
Fax 07151/46728
www.uhlig-kakteen.com
uhlig-kakteen@t-online.de

- **Baumschule Lorenz von Ehren**
Postfach 900 855
21048 Hamburg
Tel. 040/761 08-0
Fax: 040/761 08-100
www.LvE.de
LvE@LvE.de

Impressum

Bibliografische Information der Deutschen Bibliothek
Die Deutsche Bibliothek verzeichnet diese Publikation in der Deutschen Nationalbibliografie; detaillierte bibliografische Daten sind im Internet über http://dnb.ddb.de abrufbar.

Wollgrasweg 41,
70599 Stuttgart
Internet: www.ulmer.de

Lektorat: K. Wachsmuth
Umschlag- und Innengestaltung: X-Design, München
DTP: juhu media, Susanne Dölz, Bad Vilbel
Druck und Bindung: Litotipografia-editrice Alcione, Trento
Printed in Italy
ISBN 3-8001-4913-3
ISBN 978-3-8001-4913-1

Immer eine Reise wert

- **Palmengarten Frankfurt,** Siesmayerstraße 61, 60323 Frankfurt/M. info.palmengarten@stadt-frankfurt.de

- **Herrenhäuser Gärten,** Herrenhäuser Straße 4, 30419 Hannover herrenhaeuser-gaerten@hannover-stadt.de

- **Wilhelma – der zoologisch-botanische Garten,** Neckartalstraße, 70342 Stuttgart info@wilhelma.de

- **Luisenpark Mannheim,** Poostfach 103061, 68030 Mannheim www.stadtpark-mannheim.de

Haftung

Exotische Rezepte

Exotische Früchte direkt vom Baum zu naschen ist das Größte. Doch was tun, wenn die Ernte so reichlich ausfällt, dass es zum Frischverzehr zu viel ist? Hier helfen einfache, aber köstliche Rezepte, wie man die Delikatessen zubereiten kann.

Wichtig für die Ernte ist, dass Sie die Früchte vollreif pflücken. Dabei sind nicht alle Früchte eines Baumes gleichzeitig reif. Pflücken Sie deshalb mehrmals durch, um für jedes Einzelstück das volle Aroma zu erhalten.

Passionsfrucht-Eis

Wer eine Eismaschine zu Hause hat, kann seiner Fantasie freien Lauf lassen. Gut geeignet für fruchtige Milcheis-Sorten sind saftreiche Früchte, etwa von Passionsblumen (Maracujas) oder Granatäpfeln. Dazu löffelt man das kernreiche Fruchtfleisch aus und drückt es durch ein Sieb. Den Saft gibt man ins Eis. Und wer keine Eismaschine hat, kann den frisch ausgepressten und mit Zucker oder Honig gesüßten Saft über eine Portion Vanilleeis als Dressing geben.

▲ Eingelegte Maulbeeren: Frucht-Bowlen sind nicht nur auf Parties ein Hit. Auch zu Hause kann man es sich mit einer kleinen Schale Bowle am Abend im Garten gemütlich machen. Anstelle Erdbeeren und andere Klassiker zum Ansetzen zu verwenden, geben Sie doch einfach mal Ihre frisch geernteten Maulbeeren, Nashis oder Brustbeeren hinein. Statt der üblichen Minzeblätter zur Dekoration verwendet man die zitronig-frischen Blätter des Zitronenstrauchs (*Aloysia*) oder des Zitronen-Thymians: einfach erfrischend-exotisch!